PALEO
für Faule

PALEo
für Faule

Text: Martin Kintrup
Fotos: Coco Lang

DIE GU-QUALITÄTS-GARANTIE

Wir möchten Ihnen mit den Informationen und Anregungen in diesem Buch das Leben erleichtern und Sie inspirieren, Neues auszuprobieren. Bei jedem unserer Bücher achten wir auf Aktualität und stellen höchste Ansprüche an Inhalt, Optik und Ausstattung. Alle Rezepte und Informationen werden von unseren Autoren gewissenhaft erstellt und von unseren Redakteuren sorgfältig ausgewählt und mehrfach geprüft. Deshalb bieten wir Ihnen eine 100 %ige Qualitätsgarantie.

Darauf können Sie sich verlassen:
Wir legen Wert darauf, dass unsere Kochbücher zuverlässig und inspirierend zugleich sind.
Wir garantieren:
- dreifach getestete Rezepte
- sicheres Gelingen durch Schritt-für-Schritt-Anleitungen und viele nützliche Tipps
- eine authentische Rezept-Fotografie

Wir möchten für Sie immer besser werden:
Sollten wir mit diesem Buch Ihre Erwartungen nicht erfüllen, lassen Sie es uns bitte wissen! Wir tauschen Ihr Buch jederzeit gegen ein gleichwertiges zum gleichen oder ähnlichen Thema um. Nehmen Sie einfach Kontakt zu unserem Leserservice auf. Die Kontaktdaten unseres Leserservice finden Sie am Ende dieses Buches.

GRÄFE UND UNZER VERLAG
Der erste Ratgeberverlag – seit 1722.

PALEO-FOOD

- 8   Artgerechte Ernährung
- 9   Der Paleo-Speiseplan

BEQUEMMACHER

- 10   Paleo-Lebensmittel aus dem Supermarkt …

HÖHLENFRÜHSTÜCK

- 14   Die schnellen 4 fürs Power-Frühstück
- 16   Frühstücksriegel
- 18   4 x fixe Smoothies & Drinks …
- 20   Geröstetes Früchtemüsli
- 22   Paleo-Porridge mit Mango
- 24   Avocado-Lachs-Caprese
- 26   Herzhafter Frühstückskuchen
- 28   4 x schnelle Aufstriche …
- 30   Garnelenrührei mit Zucchini

JÄGER

- 34   Die schnellen 4 für flotten Fleischgenuss
- 36   Blattsalat mit Steakstreifen
- 38   Minuten-Gyros mit Krautsalat
- 40   4 x schnelle Hackfleischküche …
- 42   Hackfleisch-Pizza
- 44   Rindersteak mit Bärlauchöl
- 46   4 x pikante Beilagen …
- 48   Paprika-Kartoffel-Gulasch
- 50   Schweinefleisch-Curry

FISCHER

- 54 Die schnellen 4 für fixe Fischgerichte
- 56 Gefüllte Tomaten mit Thunfisch
- 58 Spargelsalat mit Räucherlachs
- 60 4 x sättigende Salate ...
- 62 Tomatensuppe mit Thunfisch
- 64 Rote-Bete-Mango-Suppe
- 66 Kabeljau auf buntem Gemüse
- 68 Gedämpfter Fisch mit Safran
- 70 4 x Ofenfisch mit Würzghee ...
- 72 Pfannkuchen mit Räucherfisch

NESTRÄUBER

- 76 Die schnellen 4 für Fans von Federvieh
- 78 Avocadosalat mit Sesamhuhn
- 80 Apfel-Sellerie-Salat mit Huhn
- 82 Ingwer-Spinat-Suppe mit Pute
- 84 4 x Eier im Schnelldurchgang ...
- 86 Frittata mit grünen Bohnen
- 88 Gefüllte Hähnchenbrust
- 90 Hähnchenkeulen mit Würzkraut
- 92 Medaillons auf Tomatengemüse

SAMMLER

- 96 Die schnellen 4 für rundum Vegetarisches
- 98 Melonencarpaccio
- 100 Grünes Taboulé
- 102 Zucchininudel-Salat
- 104 4 x schnelle Dressings ...
- 106 Blumenkohl-Falafel
- 108 Rotes Gemüsecurry
- 110 Süßkartoffelpüree mit Pilzen
- 112 4 x fixe Dips zu Ofengemüse ...
- 114 Gefüllte Aubergine mit Möhren

PALEO-DESSERTS

- 118 Die schnellen 4 fürs süße Dessertglück
- 120 Chia-Berry-Fool
- 122 Kokoscreme mit Maracuja
- 124 4 x schnelles Paleo-Eis ...
- 126 Gebratene Apfelringe
- 128 Schokoküchlein mit Himbeeren
- 130 Dattel-Walnuss-Pralinen

FAULE MENÜS

- 132 Langes Sonntagsfrühstück
- 133 Sommerliches Grillbüfett
- 134 Schnelles Feierabend-Menü
- 135 Candlelight-Dinner für Verliebte

- 138 Register
- 142 Impressum

143 EINKAUFSZETTEL

auch zum Download auf
www.gu.de/kochenfuerfaule

Kulinarische Zeitreise zurück in die Zukunft

Paleo wird alltagstauglich! Mit einfachen, blitzschnellen Rezepten machen wir der Steinzeitküche Beine! **So profitieren endlich auch faule Köche von den Vorteilen des angesagten »Paleo-Lifestyles«.**

Und was steht auf dem Speiseplan? Grob über den Daumen gepeilt: **Zwei Drittel Gemüse, Obst und Kräuter, der Rest besteht aus Fleisch, Fisch und Eiern.** Dazu gibt es in geringeren Mengen, aber regelmäßig, Nüsse und Ölsamen. Auch dem zweiten Grundprinzip der Paleo-Küche bleiben wir mit unseren »faulen Rezepten« treu: **Getreide, Milchprodukte und Hülsenfrüchte sowie Industriezucker sind tabu!**

Zusätzlich fügen wir dem Ganzen einen neuen Faktor hinzu: **Bequemlichkeit!** Stress lauert im Alltag überall – in unserer Paleo-Cuisine hat er dagegen nichts verloren! Dafür sorgt die goldene Regel, dass **alle Rezepte in höchstens 30 Minuten zubereitet sind, häufig sogar in 20 Minuten oder weniger.** Alternativ wandern sie nach kurzer Vorbereitungszeit noch für einige Zeit in den Ofen oder schmoren in der Pfanne gemütlich vor sich hin. Das erfordert lediglich etwas Geduld, vermeidet aber jeglichen Stress!

Für unsere Quick-and-Easy-Paleo-Küche greifen wir zu einigen Tricks! Es stehen allerlei »faule, pflegeleichte Produkte« auf der Einkaufsliste, die das Kochleben leichter machen. Ganz wichtig dabei: **Zum Einsatz kommen ausschließlich Produkte ohne künstlichen Zusatz wie Farb- und Konservierungsstoffe!** Für die Alltagstauglichkeit gehen wir aber den ein oder anderen Kompromiss ein: Auch industriell verarbeitete Produkte, die frei von Zusatzstoffen und Zucker sind, erhalten von uns eine Chance.

Nicht nur das Kochen gelingt schnell und einfach, auch der Einkauf ist ganz fix erledigt: **Alle verwendeten Produkte sind im gut sortierten Supermarkt oder im Drogeriemarkt erhältlich.** Wer konsequent nur auf Bio-Produkte setzen möchte, kann natürlich noch einen kleinen Umweg über den Bio-Laden einlegen. Teure oder schwer beschaffbare Spezialprodukte wie Kokosmehl oder Avocado-Öl sind jedoch tabu!

Die Zeit, die Sie beim Kochen und Einkaufen einsparen, können Sie bestens nutzen, um Ihren Körper auf Trab zu bringen – **sei es mit einem Spaziergang, etwas Gartenarbeit, Kraft- oder Ausdauersport.** Denn die Menschen der Steinzeit hatten noch nicht das Privileg, »faul« sein zu dürfen. Sie mussten Tiere jagen und Früchte sammeln – und legten auf diese Weise täglich große Strecken zurück. Viel Bewegung ist also ein wesentlicher Faktor des »Paleo-Lifestyles«.

Sie werden sehen: Mit der Steinzeiternährung fühlen Sie sich nicht nur um einiges fitter und vitaler, auch das ein oder andere Pfund wird wie von selbst purzeln. **Und das mit Rekordzeiten in der Küche!**

PALEO-FOOD

ARTGERECHTE ERNÄHRUNG

Das Menschsein begann nicht erst mit der neolithischen Revolution – also dem Sesshaftwerden und dem Beginn der Landwirtschaft – vor rund 10 000 Jahren. Vielmehr durchstreifen Menschen schon seit 2 bis 3 Millionen Jahren auf der Suche nach Nahrung die Wälder und Savannen.

Als großer evolutiver Vorteil erwies sich dabei die Fähigkeit, sehr unterschiedliche Nahrung verdauen zu können. Der Mensch war »omnivor«. Die Jäger und Sammler der Vorzeit konnten ihren Hunger sowohl mit Fleisch und Fisch als auch mit Urformen moderner Gemüse- und Obstsorten, Nüssen und ölreichen Samen stillen.

Einen Großteil seiner »Karriere« hat der Mensch also mit einer ausgesprochenen »Low-Carb-Ernährung« verbracht, in der die Energie größtenteils aus Eiweiß und Fett, statt aus Kohlenhydraten gewonnen wurde. Das betrifft genau jene Jahre, in denen die rasante Entwicklung zum modernen Menschen stattgefunden hat.

Interessanterweise zeigt sich, dass gerade die Menschen zu Beginn des Neolithikums verstärkt unter Mangelerscheinungen litten. Die Konzentration auf Getreide und wenige Feldfrüchte garantierte zwar eine schnelle Energieversorgung in Form von reichlich Kohlenhydraten. Die Versorgung mit anderen Nährstoffen verschlechterte sich jedoch durch die einseitige Ernährung. Verantwortlich dafür könnte zum Teil die Phytinsäure sein, die in Getreide und Samen enthalten ist und die die Aufnahme der darin enthaltenen Nährstoffe behindert.

Auch heute zeigen sich noch die Nachteile der auf Getreide und zuckerhaltige Produkte ausgerichteten modernen Ernährung. Dadurch ausgelöste Insulinschwankungen fördern Heißhungerattacken und tragen zur Entstehung von Übergewicht bei. Starke Insulinausschüttungen belasten den Körper, besonders die Bauchspeicheldrüse, und leisten neben mangelnder Bewegung einen entscheidenden Beitrag zu »Zivilisationskrankheiten« wie Diabetes.

Die Neuentdeckung einer fast vergessenen »artgerechten Ernährung« mit reichlich Gemüse, Fleisch und Fisch, wertvollen Eiern und Geflügel, gesunden Ölen und Fetten sowie in geringeren Mengen Obst, Nüssen und Samen – in naturbelassenen Produkten ohne künstliche Zusatzstoffe und Industriezucker – kann helfen, diese Defizite auszugleichen. Und wird mit diesem Buch so simpel wie nie! Probieren Sie es aus!

Denn alle Rezepte sind nicht nur einfach und blitzschnell zubereitet, sie machen auch richtig viel Spaß und wecken die Lust am Genießen – für ein gutes Körpergefühl und ganz ohne schlechtes Gewissen!

DER PALEO-SPEISEPLAN

Gemüse: Keine unserer gesamten Tagesrationen sollte ohne diese gesunde Basis der Steinzeiternährung auskommen, etwa zwei Drittel des Nahrungsvolumens idealerweise aus einer bunten Gemüsevielfalt bestehen.

Fleisch & Geflügel: Liefern Energie und alle wichtigen Nährstoffe. Für Paleo-Ernährung am besten sind alle Fleischsorten aus Weidetierhaltung, in der die Tiere natürliches Futter aufnehmen können. Das betrifft hierzulande vor allem Produkte aus der Bio-Landwirtschaft, zusätzlich Lamm und Wild.

Fisch & Meeresfrüchte: Hervorragende Eiweißquelle, dabei reich an wertvollen Omega-3-Fettsäuren, fettlöslichen Vitaminen, Mineralstoffen und Spurenelementen. Nur aus nachhaltigem Fang oder Bio-Aquakultur kaufen!

Eier: Perfekte Eiweißzusammensetzung, dazu reich an Vitaminen und Nährstoffen. In der Paleo-Ernährung unbedingt regelmäßig verwenden, dabei ausschließlich Bio-Eier von freilaufenden Hühnern kaufen.

Obst: Toller Vitaminspender! Insbesondere gezüchtete Obstsorten sind aber sehr reich an Fruchtzucker, der den Organismus belasten kann. Daher regelmäßig, aber nicht in größeren Mengen essen. Zuckerarme Sorten wie Beeren, Papaya und Grapefruit bevorzugen.

Öle & Fette: Für alle Salate Öle mit geringem Omega-6-Fettsäure-Gehalt verwenden, z. B. Olivenöl, Nussöle nur in kleinen Mengen. Hitzebeständig und damit besonders geeignet zum Braten sind Ghee (ayurvedisches Butterschmalz, ersatzweise herkömmliches Butterschmalz verwenden), Kokosöl und mit Einschränkung Olivenöl. Ghee enthält nur noch das reine Butterfett und ist daher bei Paleos sehr geschätzt. Kokosöl ist für den Körper besonders gut verwertbar.

Nüsse & Samen: Energie- und vitaminreich, häufig ebenso reich an Phytinsäure und Omega-6-Fettsäuren. Daher regelmäßig, allerdings nur in kleinen Mengen genießen.

In jedem Fall **non-paleo** sind jegliche **Getreide- und Milchprodukte, Zucker** und **zuckerhaltige Produkte** und **stark verarbeitete Lebensmittel** mit zahlreichen künstlichen Zusatzstoffen. Dazu **Hülsenfrüchte,** mit Ausnahme grüner Bohnen und Zuckerschoten, da bei diesen der Fruchtkörper gegessen wird und nicht die phytinsäurehaltigen Samen im Mittelpunkt stehen.

BEQUEMMACHER

PALEO-LEBENSMITTEL AUS DEM SUPERMARKT ...

... machen den Einkauf einfach. Alles ist in nur einem Laden zu finden – und zwar ...

... in der Gemüseecke: Paleo-Fans sind hier Stammgäste und kaufen alles, was bei Drei nicht auf den Bäumen ist: Gemüse, Pilze, Obst und Kräuter, aber auch gegarte Rote Beten und getrocknete Tomaten. Möglichst viel und bunt!

... im Tiefkühlfach: Praktisch als Gemüse sind Spinat, Brechbohnen und Lauch. Beeren und Kräutermischungen sind faule Paleo-Lieblinge. Dazu gesellen sich Fischfilets und Garnelen.

... im Frischeregal: Die Auswahl für Paleos ist mager, lediglich Butterschmalz findet sich hier, Eier stehen ganz in der Nähe. Meist ist ein Regal mit Fischzubereitungen angegliedert. Räucherlachs, geräucherte Forellenfilets und eingelegte Sardellenfilets sind die Paleo-Favoriten. Bei vorgegarten Garnelen und Flusskrebsschwänzen ganz genau hinsehen, ob unerwünschte Zusatzstoffe enthalten sind (siehe auch Seite 55).

... im Fleisch-Frischeregal: Hackfleisch, Steaks vom Rind, Schnitzel vom Schwein, Hähnchen- und Putenbrustfilets sowie Hähnchenkeulen finden sich hier in Bio-Qualität. Die Fleischtheke ergänzt das paleo-freundliche Angebot mit Lammkoteletts und -steaks sowie Wild.

... in der Gewürzecke: Hier kann alles verwendet werden, was keine unerwünschten Zusatzstoffe hat. Auch geschmackliche Highlights wie Safranfäden, Ras-el-Hanout, Sauerbratengewürz und Kreuzkümmel haben hier ihren Platz.

... im Saftregal: Apfel- und Traubensaft werden zum Süßen von Speisen verwendet. Limetten- und Zitronensaft sind beliebte Säuerungsmittel.

... im Backregal: Mandeln, Walnusskerne und Sultaninen finden sich hier. Nebenan ist meist ein Regal mit allerlei Kernen, Nüssen und Trockenfrüchten.

... in der Bio-Ecke: Lebensmittel, die in dieser Ecke stehen, springen ein für alle Standardprodukte, die aufgrund beigefügter Zusatzstoffe von Paleos leider nicht verwendet werden können. Senf und Tomatensauce gibt es hier auch ohne jeglichen Zuckerzusatz. Außerdem kann man hier dunklen Aceto balsamico, Obstchips, diverse Kerne, verschiedene Muse, Kokosöl, Chia-Samen, Hefeflocken und Ahornsirup finden.

... im mediterranen und Asia-Feinkostregal: Hier ist der Blick auf die Zutatenliste obligatorisch. Wer Glück hat, findet Kokosmilch, Kapern, grüne Oliven, Currypaste und Harissa ohne unerwünschte Zusatzstoffe.

... in der Pasta-Ecke: Von dort entführen Paleos nur Thunfisch aus der Dose und Tomatenmark.

Und wer gerne im **Drogeriemarkt** einkauft: Hier erhalten Sie paleo-konformen dunklen Aceto balsamico und hellen Balsamico bianco ohne Zuckerzusatz. Ghee in Bio-Qualität ist ebenso zu bekommen wie Kokosöl. Dazu gibt es Nüsse, Körner, Trockenfrüchte sowie Cashewmus & Co. Auch Schoko-Chai-Tee, ungesüßten Mandeldrink, Coco-Drink und Apfelmark mit diversen Fruchtzusätzen kann man kaufen, dazu Kokosmilch in praktischen 200-g-Portionen, Hefeflocken und Weinstein-Backpulver.

HÖHLEN–FRÜHSTÜCK

Paleo-Power – ein guter Tag fängt morgens an ...

DIE SCHNELLEN 4 FÜRS POWER-FRÜHSTÜCK

CHIA-SAMEN

Paleo-Superfood auf dem Vormarsch, daher inzwischen auch im Supermarkt in der Bio-Ecke erhältlich | reich an Mineralstoffen, Eiweiß, Antioxidantien und vor allem gesunden Omega-3-Fettsäuren | die kleinen Samen quellen sehr stark, erhalten dann eine gelartige Konsistenz und wirken positiv auf die **Verdauung** | kleines Extra im **Gerösteten Früchtemüsli** (Seite 20) | dickt **Paleo-Porridge mit Mango** (Seite 22) an | gibt **Frühstückskuchen** (Seite 26) und **Blumenkohl-Falafel** (Seite 106) Bindung | als puddingartige Creme Hauptdarsteller in **Chia-Berry-Fool** (Seite 120) | **Tipp:** 1–2 TL Samen in Frühstücksdrinks rühren, kurz quellen lassen und genießen.

AVOCADO

Voll mit gesunden Fetten, Mineralstoffen, fettlöslichen Vitaminen und wertvollen sekundären Pflanzenstoffen | besonders aromatisch und nussig im Geschmack sind die kleinen, dunklen Früchte der Sorte »Hass« | immer nur reife Früchte mit weichem Fruchtfleisch verwenden | bringt mit Banane und Minze als **Smoothie** (Seite 18) richtig Power für den Tag | herzhaftes Frühstück als **Avocado-Lachs-Caprese** (Seite 24) | lecker als Dip zu **Süßkartoffel-Paprika-Pfanne** (Seite 40) oder mit Meerrettich zu **Ofengemüse** (Seite 112) | glänzt mit Thunfisch als Füllung von **Gefüllten Tomaten** (Seite 56) ebenso wie im **Avocadosalat mit Sesamhuhn** (Seite 78) | mit Mango als **Eis** (Seite 124) auch als Dessert ein Hit | **Tipp:** Avocadodip mit Meerrettich passt auch prima zu **Pfannkuchen mit Räucherfisch** (Seite 72).

14 / HÖHLENFRÜHSTÜCK

MANDELN, MANDELMUS & MANDELDRINK

Reich an Eiweiß, Vitaminen, Mineralstoffen | enthält relativ viel Omega-6-Fettsäuren und in geringen Anteilen auch Phytinsäure, daher gern regelmäßig, aber in geringen Mengen essen | ganze Mandeln am besten mit Haut, Mus und Drink ungezuckert verwenden | ganze Mandeln geben **Frühstücksriegeln** (Seite 16) und **Paleo-Porridge mit Mango** (Seite 22) eine Extraportion Energie | sorgen für knackigen Biss bei **Grünen Bohnen mit Pilzen** (Seite 46) und **Dattel-Walnuss-Pralinen** (Seite 130) | gemahlene Mandeln sind ein prima Mehlersatz in **Pfannkuchen mit Räucherfisch** (Seite 72) und **Schokoküchlein** (Seite 128) | Mandelmus ist die cremige Basis für **Aubergine-Möhre-Curry-Aufstrich** (Seite 28) und **Schoko-Chai-Mandel-Eis** (Seite 125) | Mandeldrink dient als Emulgator im **Ei-Ananas-Senf-Aufstrich** (Seite 28) | **Hähnchenfilet** lässt sich darin aromatisch und zart pochieren (Seite 80).

KOKOSMILCH, -CHIPS, -ÖL & COCO-DRINK

Tausendsassa der Paleo-Ernährung, da das Fett der Kokosnuss besonders leicht verdaulich und somit ein schneller Energiespender ist | zudem vielseitig verwendbar: als Chips knusprig, als Milch cremig, als Drink erfrischend, als Öl zum Braten | Kokoschips verleihen **Frühstücksriegeln** (Seite 16), **Geröstetem Früchtemüsli** (Seite 20) und **Paleo-Porridge mit Mango** (Seite 22) knackigen Biss und einen Hauch Exotik | Kokosmilch ist die cremige Basis für **Mango-Kokos-Ingwer-Smoothie** (Seite 19), für **Rote-Bete-Mango-Suppe** (Seite 64) oder **Ingwer-Spinat-Suppe mit Pute** (Seite 82) und für saucige Gerichte wie **Gedämpfter Fisch mit Safran** (Seite 68) und **Rotes Gemüsecurry** (Seite 108) | Coco-Drink macht **Erdbeereis** (Seite 125) zu einer kalorienarmen Erfrischung.

HÖHLENFRÜHSTÜCK / 15

FRÜHSTÜCKSRIEGEL
Fingerfood-Frühstück to go

FÜR 4 STÜCK

- 40 g Bananenchips
- 60 g Datteln (ohne Stein)
- 50 g Kokoschips
- 50 g Mandeln (mit oder ohne Haut)
- 2 EL Apfelmark (mit Mango)
- 1 TL gemahlene Bourbon-Vanille

ZUBEREITUNGSZEIT: 10 MIN.
+ 2 STD. KÜHLEN
PRO STÜCK: 230 KCAL
4 G E, 15 G F, 20 G KH

1 Die Bananenchips und die Datteln grob hacken, dann mit den übrigen Zutaten in den Blitzhacker geben und fein hacken.

2 Aus der fruchtig-nussigen Masse 4 längliche Riegel formen und nach Belieben sofort essen oder zuvor noch zugedeckt 2 Std. in den Kühlschrank stellen. Die Riegel sind luftdicht verschlossen mindestens 1 Woche haltbar.

TIPP:
Lust auf Abwechslung? Die Bananenchips nach Belieben durch die gleiche Menge Apfelchips oder getrocknete Mangostücke ersetzen und die Mandeln durch Cashewnüsse, Haselnüsse, Walnüsse oder Pekannüsse.

4 × FIXE SMOOTHIES & DRINKS ...

AVOCADO-BANANE-MINZE

Für 2 Personen
Pro Person: ca. 380 kcal, 5 g E, 29 g F, 23 g KH

1 **Avocado** (Hass) halbieren und entkernen, die Hälften schälen und grob würfeln. 1 **Banane** schälen und ebenfalls würfeln. 2 Stängel **Minze** abbrausen, trocken schütteln und die Blätter abzupfen. Avocado, Banane und Minze mit je 100 ml naturtrübem **Apfelsaft** und **Wasser**, 3 EL **Limettensaft**, 2 **Datteln** (ohne Stein) und 20 g **Mandeln** in einen hohen Rührbecher geben und mit dem Stabmixer fein pürieren. Den Smoothie auf zwei Gläser verteilen und sofort mit Löffeln servieren.

HIMBEER-DATTEL-NUSS

Für 2 Personen
Pro Person: ca. 340 kcal, 8 g E, 23 g F, 24 g KH

300 ml **Mandeldrink**, 30 g **Mandel-** oder **Cashewmus**, 150 g noch gefrorene **TK-Himbeeren**, 3 **Datteln** (ohne Stein), 30 g **Walnusskerne**, 1 EL geschrotete **Leinsamen**, 1 TL gemahlene **Bourbon-Vanille** und 1 EL **Zitronensaft** in einen hohen Rührbecher geben, mit dem Stabmixer fein pürieren. Nach Belieben den Drink mit 3–5 Tropfen **Ahornsirup** abschmecken, dann auf zwei Gläser verteilen und sofort mit Löffeln servieren.

18 / HÖHLENFRÜHSTÜCK

..., die mit reichlich Vitaminen und Nährstoffen richtig Power für den Tag geben und so das Frühstück entweder perfekt ergänzen oder an stressigen Tagen, wenn morgens wenig Zeit ist, sogar ersetzen können.

FELDSALAT-ANANAS-BASILIKUM

Für 2 Personen
Pro Person: ca. 225 kcal, 3 g E, 12 g F, 26 g KH

100 g **Feldsalat** verlesen, putzen, waschen und trocken schleudern. Von 4–5 Stängeln **Basilikum** die Blätter abzupfen. 200 g **Ananasfruchtfleisch** grob würfeln. 2 EL **Pinienkerne** in einer Pfanne ohne Fett hellbraun anrösten und sofort wieder herausnehmen. Alles mit 1 EL **Walnussöl** und 200 ml naturtrübem **Apfelsaft** in einen hohen Rührbecher geben und mit dem Stabmixer fein pürieren. Den Smoothie auf zwei Gläser verteilen und sofort servieren.

MANGO-KOKOS-INGWER

Für 2 Personen
Pro Person: ca. 265 kcal, 3 g E, 18 g F, 22 g KH

300 g **Mangofruchtfleisch** grob würfeln. 1 Stück **Ingwer** (ca. 20 g) schälen, fein würfeln. Beides mit 200 ml **Kokosmilch** und 2 EL **Limettensaft** in einen hohen Rührbecher geben und mit dem Stabmixer fein pürieren. Den Smoothie auf zwei Gläser verteilen und sofort servieren.

TIPP:
Der Smoothie schmeckt auch hervorragend, wenn Sie die Hälfte der Mango durch Papaya oder Cantaloupe-Melone ersetzen.

HÖHLENFRÜHSTÜCK / 19

GERÖSTETES FRÜCHTEMÜSLI

Knuspriger Energiekick am Morgen

FÜR 8 PORTIONEN

50 g Salatkerne-Mix
50 g Haselnuss- oder Mandelblättchen
50 g Leinsamen
50 g Chia-Samen
70 g Apfelchips
50 g Kokoschips
80 g Bananenchips

ZUBEREITUNGSZEIT: 10 MIN.
+ 10 MIN. ABKÜHLEN
PRO PORTION: 220 KCAL
6 G E, 15 G F, 15 G KH

1 Salatkerne-Mix, Haselnuss- oder Mandelblättchen, Leinsamen und die Chia-Samen in einer Pfanne ohne Fett anrösten, bis die Leinsamen knacken und es anfängt zu duften. Sofort aus der Pfanne nehmen, 10 Min. abkühlen lassen.

2 Die Apfel-, Kokos- und Mandelchips je nach Größe etwas zerkleinern. Mit dem abgekühlten Nuss-Leinsamen-Mix mischen und in einen luftdicht verschließbaren Behälter füllen. Die Müslimischung ist mindestens 1 Monat haltbar.

TIPP:
Für 1 Portion frisches Müsli fürs Frühstück 100 g Apfelmark (nach Belieben gemischt mit Mango, Johannisbeere, Sanddorn, ...) in ein Schälchen geben und 50 g Früchtemüsli darauf verteilen. 50 g Beeren (z. B. Heidelbeeren, Brombeeren oder Himbeeren) waschen, abtropfen lassen und darauf anrichten. Alternativ das Früchtemüsli mit 150 ml ungesüßten Mandeldrink und den Beeren servieren.

PALEO-PORRIDGE MIT MANGO

Warmer Magenschmeichler für kalte Tage

FÜR 2 PERSONEN

200 ml Kokosmilch
4 EL geschrotete Leinsamen
60 g gemahlene Haselnüsse oder Mandeln
1 EL Chia-Samen
2 TL Ahornsirup
½ TL gemahlene Bourbon-Vanille
1 Prise Salz
1 Mango
2 TL Limettensaft
2 EL geröstetes Früchtemüsli (Seite 20)
oder Kokoschips

ZUBEREITUNGSZEIT: 15 MIN.
PRO PERSON: CA. 555 KCAL
13 G E, 43 G F, 24 G KH

1 Die Kokosmilch mit 200 ml Wasser, Leinsamen, Haselnüssen oder Mandeln, Chia-Samen, Ahornsirup, Vanille und dem Salz in einen Topf geben und aufkochen. Alles bei mittlerer Hitze in 6–8 Min. dicklich einkochen lassen, dabei immer wieder mal umrühren.

2 Die Mango schälen, das Fruchtfleisch vom Stein schneiden und klein würfeln. Mangowürfel mit dem Limettensaft verrühren.

3 Porridge auf zwei Schälchen oder tiefe Teller verteilen. Mangowürfel daraufgeben, Müsli oder Kokoschips darüberstreuen, servieren.

TIPP:

Der Porridge schmeckt statt mit Mango auch hervorragend mit Beeren aller Art sowie mit Birne und Apfel – beides jeweils ebenfalls in kleine Würfel geschnitten.
Und dazu gibt es ab und zu mal einen leckeren Kakaodrink: 50 ml Kokosmilch, 200 ml ungesüßten Mandeldrink, 2 EL Kakaopulver und ½ TL gemahlene Bourbon-Vanille erhitzen. Mit Honig oder Ahornsirup leicht süßen, nach Belieben mit ein paar Salzkörnern würzen.

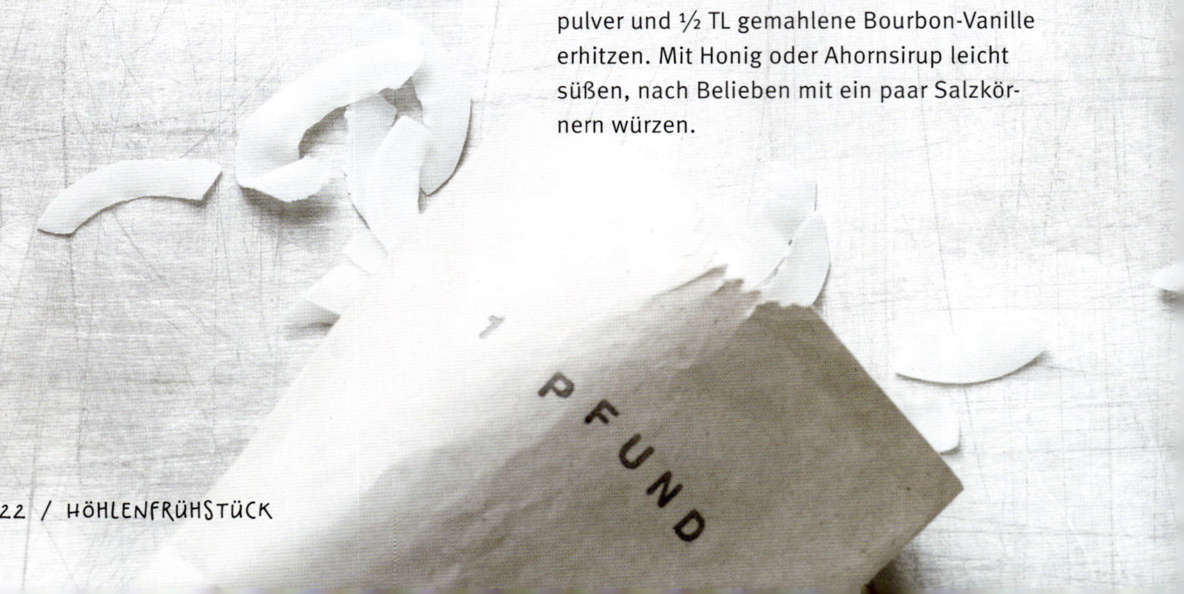

AVOCADO-LACHS-CAPRESE
Mediterranes Salatfrühstück

FÜR 2 PERSONEN

- 2 Tomaten
- 1 Avocado (Hass)
- 150 g Räucherlachs (in Scheiben)
- 4–5 Stängel Basilikum
- 2–3 EL Balsamico bianco
- 1 EL Olivenöl
- Salz | Pfeffer

ZUBEREITUNGSZEIT: 10 MIN.
PRO PERSON: CA. 425 KCAL
17 G E, 36 G F, 5 G KH

1 Die Tomaten waschen und in dünne Scheiben schneiden, dabei die Stielansätze entfernen. Die Avocado halbieren und entkernen. Die Hälften schälen und ebenfalls längs in dünne Scheiben schneiden. Den Lachs in tomatenscheibengroße Stücke zupfen. Die Basilikumblätter von den Stängeln abzupfen.

2 Auf zwei großen Tellern in je zwei Reihen nebeneinander abwechselnd die Tomaten-, Avocado- und Lachsscheiben und etwas Basilikum dachziegelartig auslegen.

3 Mit Essig und Olivenöl beträufeln und mit Salz und Pfeffer würzen. Restliches Basilikum darüberstreuen und die Caprese servieren.

TIPP:
Nach Belieben pro Person noch 1–2 Scheiben herzhaften Frühstückskuchen (Seite 26) dazu reichen. Und für alle, die es morgens besonders herzhaft mögen: ½ kleine rote Zwiebel oder 1 Schalotte schälen, fein würfeln und über die Caprese streuen.

HERZHAFTER FRÜHSTÜCKSKUCHEN
Lebensretter für Stullenfans

FÜR 1 KASTENFORM (30 × 11 CM, 20 SCHEIBEN)

- 1 EL Ghee + etwas mehr für die Form
- 100 g gemahlene Haselnüsse
- 50 g geschrotete Leinsamen
- 70 g gemahlener Mohn
- 2 EL Chia-Samen
- 2 TL Weinstein-Backpulver
- 4 Eier (M)
- ½ TL Salz

ZUBEREITUNGSZEIT: 15 MIN.
+ 40 MIN. BACKEN
+ 1 STD. AUSKÜHLEN
PRO SCHEIBE: 85 KCAL
4 G E, 7 G F, 1 G KH

1 Den Backofen auf 200° vorheizen und die Kastenform einfetten. Haselnüsse, Leinsamen, 50 g Mohn und Chia-Samen mit dem Backpulver im Mörser oder Blitzhacker zu einer feinen Paste zermahlen und in eine Schüssel füllen.

2 Ghee, Eier und Salz in die Schüssel geben und alles kräftig mit den Quirlen des Handrührgeräts verrühren. Den Teig 5 Min. quellen lassen.

3 Dann den Teig in die Kastenform füllen, glatt streichen und den restlichen Mohn darüberstreuen. Im Ofen (Mitte) 40 Min. backen.

4 Die Form aus dem Ofen nehmen, den Kuchen herauslösen und auf dem Kuchengitter auskühlen lassen. Der Kuchen kann wie Brot verwendet werden und schmeckt z. B. sehr gut mit den Aufstrichen auf den folgenden Seiten.

TIPP:
Dieser Frühstückskuchen ist ein absoluter Basiskuchen mit recht neutralem Geschmack. Er lässt sich aber ganz leicht variieren: einfach einmal 2 EL TK-Zwiebel-Mix, 1 durchgepresste Knoblauchzehen, 2 TL Kräuter der Provence, 4 fein gewürfelte getrocknete Tomaten oder 2 TL Brotgewürz zum Teig geben.

4 × SCHNELLE AUFSTRICHE ...

AUBERGINE– MÖHRE – CURRY

Für 8 Portionen
Pro Portion: ca. 90 kcal, 2 g E, 7 g F, 4 g KH

Backofen auf 200° vorheizen, Backblech mit Backpapier auslegen. 150 g **Möhren** schälen und in dicke Scheiben schneiden. 1 **Aubergine** (ca. 250 g) längs halbieren, Fruchtfleisch kreuzweise tief einritzen. Aubergine (Schnittflächen nach oben) und Möhren aufs Blech legen und mit je 1 EL **Olivenöl** beträufeln. Im Ofen (Mitte) 30 Min. backen, herausnehmen, abkühlen lassen. 2 **Knoblauchzehen** schälen, grob würfeln. Auberginenfruchtfleisch aus der Schale löffeln, mit Möhren und Knoblauch in den Blitzhacker geben. 2 TL **Dijon-Senf**, 2 TL **Currypulver**, 50 g **Cashew-** oder **Mandelmus**, 1 EL geschrotete **Leinsamen** und 1 EL **Limettensaft** dazugeben, mit **Salz** und **Cayennepfeffer** würzen und fein pürieren, abschmecken. Bis zur Verwendung zugedeckt kalt stellen. Haltbarkeit: ca. 3 Tage.

EI – ANANAS – SENF

Für 6 Portionen
Pro Portion: ca. 195 kcal, 3 g E, 19 g F, 3 g KH

In einem Topf 2 **Eier** (M) knapp mit Wasser bedecken, zugedeckt zum Kochen bringen, dann noch 5 Min. kochen lassen. Eier abschrecken, in kaltem Wasser abkühlen lassen. 4 EL ungesüßten **Mandeldrink**, 2 TL **Dijon-Senf**, 2 TL **Balsamico bianco** (alles mit Zimmertemperatur) und etwas **Salz** in einem hohen Rührbecher mit dem Stabmixer durchmixen. 100 ml **Walnussöl** zuerst tropfenweise, dann im dünnen Strahl dazugeben und alles zu einer festen Mayonnaise mixen. Die Eier schälen, klein würfeln, 70 g **Ananasstücke** (aus der Dose) klein würfeln. 2 **Frühlingszwiebeln** putzen, waschen, in feine Ringe schneiden. Alles mit 1 EL **körnigem Senf** unter die Mayonnaise rühren. Mit Salz, **Pfeffer** und Balsamico bianco abschmecken. Bis zur Verwendung zugedeckt kalt stellen. Haltbarkeit: ca. 2 Tage.

..., die perfekt zum Frühstückskuchen (Seite 26) passen. Die drei herzhaften Aufstriche geben aber auch kombiniert mit Möhren-, Gurken- und Paprikasticks ein formidables Frühstück oder einen gesunden Snack für zwischendurch ab.

KÜRBIS – FORELLE – DILL

Für 8 Portionen
Pro Portion: ca. 40 kcal, 2 g E, 3 g F, 1 g KH

150 g **Kürbisfruchtfleisch** (Hokkaido, mit Schale) klein würfeln. In einer Pfanne in 1 EL **Olivenöl** leicht braun anbraten. 150 ml **Wasser** dazugießen, zugedeckt ca. 5 Min. köcheln lassen. Mit **Kräutersalz** würzen, offen weitergaren, bis die Flüssigkeit vollständig verkocht und der Kürbis knapp gar ist (bei Bedarf noch etwas Wasser dazugießen). Aus der Pfanne nehmen, abkühlen lassen. Den Kürbis mit 1 geräuchertem **Forellenfilet** (ca. 65 g), 1 TL **körnigem Senf**, 1 TL frisch geriebenem **Meerrettich**, 2 TL gehacktem **Dill** und ½ EL **Balsamico bianco** in den Blitzhacker geben und grob pürieren, sodass noch Kürbisstückchen sichtbar sind. 1 EL **Walnussöl** unterrühren, mit Kräutersalz, **Pfeffer** und Balsamico bianco abschmecken. Bis zur Verwendung zugedeckt kalt stellen. Haltbarkeit: ca. 2 Tage.

SCHOKO – BANANE – CASHEW

Für 6 Portionen
Pro Portion: ca. 115 kcal, 4 g E, 7 g F, 10 g KH

30 g **Cashewnüsse** grob hacken und in einer Pfanne ohne Fett hellbraun anrösten, herausnehmen. 1 **Banane** schälen und in Scheiben schneiden. Bananenscheiben, 50 g **Cashewmus**, 1 EL **Ahornsirup**, 1 Pck. gemahlene **Bourbon-Vanille**, 1 Prise **Salz** und 3 EL **Kakaopulver** in den Blitzhacker geben und alles zu einer feinen Creme pürieren. Die gerösteten Cashewnüsse unterrühren. Bis zur Verwendung zugedeckt kalt stellen. Haltbarkeit: ca. 2 Tage.

TIPP:
Für den kleinen Süßhunger zwischendurch einfach mal ein paar Apfelspalten in den Aufstrich dippen und wegnaschen.

GARNELENRÜHREI MIT ZUCCHINI

Genießerfrühstück mit Eiweißplus

FÜR 2 PERSONEN

250 g TK-Garnelen (geschält)
1 Zucchino
4 getrocknete Tomaten
4 Eier (M)
1 TL Currypulver
100 ml ungesüßter Mandeldrink
Kräutersalz
2 TL Ghee (ersatzweise Kokosöl)
½ Pck. TK-Zwiebel-Duo
1 EL Limettensaft
Pfeffer

ZUBEREITUNGSZEIT: 20 MIN.
PRO PERSON: CA. 330 KCAL
29 G E, 20 G F, 6 G KH

1 Garnelen etwas antauen lassen. Zucchino waschen und klein würfeln. Tomaten in feine Streifen schneiden. Die Eier mit dem Currypulver und dem Mandeldrink verrühren, mit Kräutersalz würzen. Garnelen waschen und trocken tupfen, dann klein schneiden.

2 Ghee in einer Pfanne erhitzen, das Zwiebel-Duo darin anbraten. Zucchino und Garnelen dazugeben und 3 Min. mitbraten. Mit Limettensaft ablöschen und diesen verkochen lassen. Die Tomaten unterrühren, leicht salzen und pfeffern.

3 Die verquirlten Eier dazugeben und etwas stocken lassen. Dann mit dem Pfannenwender immer wieder vom Pfannenboden lösen, bis die Eiermasse gerade gestockt ist. Das Rührei mit Kräutersalz und Pfeffer abschmecken, auf Teller verteilen und servieren.

TIPP:
Wer mag, reicht zum Garnelenrührei ein paar Scheiben vom Frühstückskuchen (Seite 26).

30 / HÖHLENFRÜHSTÜCK

JÄGER

Fleisch satt – leichte Beute aus dem Supermarkt

DIE SCHNELLEN 4 FÜR FLOTTEN FLEISCHGENUSS

CASHEWNÜSSE & –MUS

Wie Mandeln reich an Eiweiß, Mineralstoffen und Vitaminen | enthalten zwar ähnliche Mengen an Phytinsäure, aber weniger Omega-6-Fettsäuren, daher für die Paleo-Ernährung zu bevorzugen | nur naturbelassene Kerne verwenden | das Mus hat eine feincremige Konsistenz bei mildem Geschmack | im Drogeriemarkt erhältlich | die Nüsse geben **Schweinefleisch-Curry** (Seite 50) Biss | mit Mus gelingen 1 a »Rahmsaucen« bei **Pak Choi mit Cashewrahm** (Seite 47), **Kabeljau auf buntem Gemüse** (Seite 66) und **Eiern in Senfsauce** (Seite 85) | mit Banane süßes Dream-Team als **Schokoaufstrich** (Seite 29) und **Eis** (Seite 124) | **Tipp:** zartes **Fischfilet »paleolaise«** (Seite 70) mit Cashewnüssen statt mit Haselnüssen zubereiten.

TK: ZWIEBEL-DUO, KRÄUTER & SUPPENGRÜN

Kleine Würzhelfer aus der Tiefkühltruhe | auch in Bio-Qualität erhältlich | kommen ohne Zusatzstoffe aus | Aroma und Inhaltsstoffe bleiben durch schonende Frostung erhalten | das Zwiebel-Duo ist perfekt für alle gegarten Gerichte | Suppengrün gibt **Kokos-Lauch-Suppe** (Seite 41) und **Paprika-Kartoffel-Gulasch** (Seite 48) eine Basiswürze | italienische Kräuter verleihen **Hackfleisch-Pizza** (Seite 42), **Grünen Bohnen mit Pilzen** (Seite 46) und **Ratatouille-Salat** (Seite 47) eine mediterrane Note | 6-Kräuter-Mischung aromatisiert **Würzghee**, mit dem sich allerlei Fischgerichte veredeln lassen (Seite 70 / 71) | **Tipp**: Beim Einkauf die Kühlkette einhalten! Also am besten Kühlakkus in der Einkaufstasche mitnehmen.

STEAKS & KOTELETTS

Kurzgebratenes ist der Liebling aller faulen Köche | diese Fleischstücke haben wenig Bindegewebe und sind schon nach kurzem Braten oder Grillen zart – langes Schmoren ist überflüssig | bei Lamm auf Weidetierhaltung achten, ansonsten nur Bio-Fleisch verwenden | Rindersteaks kitzeln den Gaumen pfefferwürzig und kleingeschnitten im **Blattsalat mit Steakstreifen** (Seite 36) und im Ganzen aromatisiert mit **Bärlauchöl** (Seite 44) | Steaks vom Schwein ergeben ein mediterranes **Minuten-Gyros mit Krautsalat** (Seite 38) und ein fruchtiges **Schweinefleisch-Curry** (Seite 50) | Lammkoteletts & Co. passen wunderbar zu **Grünen Bohnen mit Pilzen, Gurken-Zwiebel-Salsa, Ratatouille-Salat** und **Pak Choi mit Cashewrahm** (alle Seite 46 / 47) | **Tipp:** Auch mal auf dem Wochenmarkt oder im Bio-Laden schauen – dort ist die Auswahl an gutem Fleisch in Bio-Qualität aus der Region größer!

HACKFLEISCH

Ohne Kleinschneiden blitzschnell gebraten, daher perfekt für faule Paleos | ausschließlich Bio-Hackfleisch aus Weidetierhaltung verwenden | nur kurz haltbar, also immer möglichst rasch aufbrauchen | der absolute Star als **Paleo-Burger** (Seite 40), **Tomaten-Salbei-Bällchen** (Seite 41) und **Hackfleisch-Pizza** (Seite 42) | mit Avocadodip echtes Soulfood in **Süßkartoffel-Paprika-Pfanne** (Seite 40) | vertraut und doch ganz neu als Einlage in **Kokos-Lauch-Suppe** (Seite 41) | **Tipp:** Statt der Hähnchenkeulen einmal orientalische Hackbällchen mit dem **Würzkraut** (Seite 90) servieren. Dafür die Marinade nur mit 1 TL Olivenöl zubereiten und mit 250 g Rinderhack verkneten. Daraus 10 Hackbällchen formen, wie die Tomaten-Salbei-Bällchen (Seite 41) rundherum braun braten und mit dem Kraut servieren.

JÄGER / 35

BLATTSALAT MIT STEAKSTREIFEN
Must-Eat für Pfefferfans

FÜR 2 PERSONEN

- 100–125 g Pfifferlinge
- 2 Frühlingszwiebeln
- 2 TL bunte Pfefferkörner
- 2 EL Aceto balsamico
- 1 TL Dijon-Senf
- 3 EL Olivenöl
- Salz | Pfeffer
- 1 TL Ahornsirup
- 150 g Blattsalat-Mix mit Rucola (gewaschen und küchenfertig)
- 200 g Rindersteak

ZUBEREITUNGSZEIT: 20 MIN.
PRO PERSON: CA. 360 KCAL
21 G E, 28 G F, 6 G KH

1 Pilze putzen und trocken abreiben, große Exemplare halbieren oder in dicke Scheiben schneiden. Frühlingszwiebeln putzen, waschen und in dünne Ringe schneiden. Die bunten Pfefferkörner im Mörser grob zerstoßen.

2 Für das Dressing Essig, Senf und 2 EL Olivenöl verrühren, mit Salz, Pfeffer und Ahornsirup abschmecken. Dressing mit dem Blattsalat mischen und auf zwei Teller verteilen.

3 Steak quer in schmale Streifen schneiden. Restliches Öl in einer großen Pfanne erhitzen. Steakstreifen und Pilze in die Pfanne geben (jeweils in eine Pfannenhälfte, nicht mischen) und 1 Min. scharf anbraten. Gut die Hälfte des bunten Pfeffers aufs Fleisch streuen, die Streifen wenden und mit dem restlichen bunten Pfeffer bestreuen. Fleisch und Pilze noch 1 Min. braten. Fleisch salzen und auf dem Salat anrichten.

4 Die Frühlingszwiebeln zu den Pilzen geben und noch kurz weiterbraten. Mit Salz würzen und ebenfalls auf dem Salat verteilen.

TIPP:
Außerhalb der Pfifferling-Saison im Sommer einfach Champignons oder Egerlinge für den Salat verwenden.

36 / JÄGER

MINUTEN-GYROS MIT KRAUTSALAT

Steinzeit-Streetfood

FÜR 2 PERSONEN

- 300 g Minutensteaks (vom Schwein)
- 1½ Knoblauchzehen
- 1 TL gemahlener Kreuzkümmel
- 2 TL getrockneter Oregano
- 3 EL Olivenöl
- 250 g Spitz- oder Jaromakohl
- 2½ EL Balsamico bianco
- 1 EL Limettensaft
- 1–2 EL gehackter Dill (nach Belieben)
- Salz | Pfeffer
- 1 Tomate
- 100 g Salatgurke

ZUBEREITUNGSZEIT: 25 MIN.
PRO PERSON: CA. 390 KCAL
36 G E, 23 G F, 8 G KH

1 Die Minutensteaks quer in schmale Streifen schneiden. Knoblauch schälen und 1 Zehe dazupressen. Kreuzkümmel, Oregano und ½ EL Öl dazugeben und alles kräftig vermengen.

2 Kohl waschen, putzen und in dünne Streifen schneiden. Übrigen Knoblauch dazupressen. 2 EL Essig, Limettensaft, 1 EL Öl und nach Belieben den Dill dazugeben. Mit Salz und Pfeffer würzen und mit den Händen kurz durchkneten.

3 Tomate waschen und klein würfeln, dabei den Stielansatz entfernen. Gurke waschen und ebenfalls klein würfeln. Beides mit dem restlichen Essig und ½ EL Öl mischen, salzen und pfeffern.

4 Restliches Öl in einer Pfanne erhitzen und das Fleisch darin in 3–4 Min. goldbraun braten. Mit Salz und Pfeffer würzen.

5 Den Krautsalat auf zwei Teller verteilen, den Tomaten-Gurken-Mix daneben anrichten. Fleisch über den Salat streuen und das Gyros servieren.

TIPP:
Das Minuten-Gyros schmeckt auch sehr gut mit Streifen vom Kalbsschnitzel sowie Lamm- oder Wildschweinsteak, falls erhältlich.

4 × SCHNELLE HACKFLEISCHKÜCHE ...

PALEO-BURGER

Für 2 Personen
Pro Person: ca. 285 kcal, 25 g E, 18 g F, 5 g KH

2 EL **Tomatenmark**, 1 ½ EL **Apfelsaft** und ½ EL **Balsamico bianco** verrühren. Die Sauce **salzen** und **pfeffern**. 1 **Tomate** waschen und in dünne Scheiben schneiden, dabei Stielansatz entfernen. 1 **Zwiebel** und 50 g **Salatgurke** schälen, in feine Ringe bzw. Scheiben schneiden. 200 g **Rinderhackfleisch** mit 2 EL **italienischen TK-Kräuter** verkneten, salzen, pfeffern. Die Masse in vier Portionen teilen und zu sehr flachen Burgerpatties formen. 1 TL **Ghee** (ersatzweise Kokosöl) in einer Pfanne erhitzen. Patties darin auf jeder Seite in 4 Min. knusprig braun braten, Zwiebel nach dem Wenden mitbraten. Auf zwei Teller je 1 Pattie legen, mit 1 TL **körnigem Senf** bestreichen und 1 TL Sauce daraufgeben. Mit 1 Handvoll **Blattsalat-Mix,** 2 – 3 Tomaten- und Gurkenscheiben und den Zwiebelringen belegen. Erneut mit Sauce beträufeln, übrige Patties daraufsetzen.

SÜSSKARTOFFEL-PAPRIKA-PFANNE

Für 2 Personen
Pro Person: ca. 845 kcal, 30 g E, 60 g F, 43 g KH

1 **Avocado** (Hass) halbieren, entkernen, schälen und mit 2 EL **Limettensaft** mit einer Gabel fein zerdrücken. Den Dip mit **Kräutersalz** würzen. 300 g **Süßkartoffel** schälen und in dünne Streifen schneiden. 1 rote **Paprikaschote** putzen, waschen und klein würfeln. Von 8 – 10 Stängeln **Basilikum** die Blätter abzupfen. 250 g **Kirschtomaten** waschen. Süßkartoffel in einer Pfanne in 2 EL **Olivenöl** bei nicht zu starker Hitze anbraten. 250 g gemischtes **Hackfleisch** und die Paprika dazugeben und weiterbraten, bis das Hackfleisch bröselig ist. Tomaten und ½ TL gemahlenen **Kreuzkümmel** dazugeben, kurz in der Pfanne schwenken und mit 150 ml naturtrübem **Apfelsaft** ablöschen. Offen einkochen lassen. Basilikum untermischen, mit Kräutersalz, **Pfeffer** und **Cayennepfeffer** abschmecken. Süßkartoffel-Paprika-Pfanne auf Tellern anrichten, den Dip danebensetzen.

40 / JÄGER

..., die immer wieder neu und abwechslungsreich auf den Teller kommt und dabei kinderleicht zubereitet ist.

TOMATEN-SALBEI-BÄLLCHEN

Für 2 Personen
Pro Person: ca. 445 kcal, 35 g E, 32 g F, 3 g KH

30 g getrocknete **Tomaten** in dünne Streifen schneiden. 3–4 Stängel **Salbei** abbrausen und trocken schütteln, Blätter grob hacken. 1 **Knoblauchzehe** schälen. Alles im Blitzhacker mit 2 TL **Kapern** und 2 EL gemahlenen **Mandeln** fein pürieren. Die Würzmischung mit 1 **Ei (M)** zu 250 g **Hackfleisch** (gemischt oder vom Rind) geben und kräftig verkneten. Die Masse mit **Kräutersalz** und **Pfeffer** würzen, in 10 Portionen teilen und daraus kleine Bällchen formen. In einer Pfanne 1 TL **Ghee** (ersatzweise Kokosöl) erhitzen. Darin die Hackbällchen bei nicht zu starker Hitze rundherum in 8 Min. knusprig braten. Auf Küchenpapier abtropfen lassen.

PASST GUT DAZU:
Krautsalat (Seite 38), Gurken-Zwiebel-Salsa (Seite 46), Zucchininudel-Salat (Seite 102) oder Avocado-Meerrettich-Dip (Seite 112).

KOKOS-LAUCH-SUPPE

Für 2 Personen
Pro Person: ca. 565 kcal, 37 g E, 38 g F, 18 g KH

1 mehlig kochende **Kartoffel** (ca. 100 g) schälen, waschen, fein reiben. 1 Stange **Lauch** putzen, in dünne Ringe schneiden, waschen und abtropfen lassen (oder aber 250 g TK-Lauch verwenden). 1 TL **Ghee** (ersatzweise Kokosöl) in einem Topf erhitzen, 250 g **Hackfleisch** (gemischt oder vom Rind) anbraten. Lauch, Kartoffel und je 1 Pck. **TK-Suppengrün** (75 g) und **TK-Zwiebel-Duo** dazugeben, alles 3 Min. mitbraten. Mit 1 EL **Balsamico bianco** ablöschen. 300 ml heißes **Wasser** mit **Kräutersalz** würzen, mit 200 ml **Kokosmilch** dazugießen, zum Kochen bringen. Zugedeckt bei schwacher Hitze ca. 10 Min. köcheln lassen. 1 EL **Hefeflocken** unterrühren, die Suppe mit Kräutersalz, **Pfeffer,** frisch geriebener **Muskatnuss** und Balsamico bianco abschmecken. Auf tiefe Teller verteilen und servieren.

JÄGER / 41

HACKFLEISCH-PIZZA
Italo-Klassiker auf Zeitreise

FÜR 2 PERSONEN

- 400 g gemischtes Hackfleisch
- 2 EL Tomatenmark
- 3 EL italienische TK-Kräuter
- 80 ml Traubensaft
- 1 Knoblauchzehe
- Salz | Pfeffer
- 1 rote Zwiebel
- 1 Tomate
- 1 kleiner Zucchino
- 2 Champignons (ersatzweise Egerlinge)
- 10 grüne Oliven (ohne Stein)
- 50 g Blattsalat-Mix mit Rucola (gewaschen und küchenfertig)

ZUBEREITUNGSZEIT: 20 MIN.
+ 30 MIN. BACKEN
PRO PERSON: CA. 630 KCAL
44 G E, 45 G F, 12 G KH

1 Den Backofen auf 200° vorheizen. Ein Backblech mit zwei Bögen Alufolie auslegen und jeweils rundherum einen kleinen Rand formen. Hackfleisch in zwei Portionen teilen und auf den Folien zu flachen Kreisen (ca. 20 cm Ø) formen.

2 Das Tomatenmark mit italienischen Kräutern und dem Traubensaft verrühren. Den Knoblauch schälen und dazupressen, mit Salz und Pfeffer kräftig abschmecken. Die Sauce gleichmäßig auf dem Hackfleisch verstreichen.

3 Die Zwiebel schälen und in kleine Würfel schneiden. Die Tomate waschen und in dünne Scheiben schneiden, dabei den Stielansatz entfernen. Den Zucchino waschen, Pilze putzen und beides ebenfalls in dünne Scheiben schneiden. Die Oliven in dicke Scheiben schneiden.

4 Zwiebel, Tomate, Zucchino, Pilze und Oliven auf den Hackfladen verteilen. Die Pizzen im Ofen (Mitte) 25–30 Min. backen.

5 Fertige Pizzen auf Tellern anrichten, mit dem Blattsalat bestreuen und servieren.

TIPP:
Weitere sehr leckere Pizzabeläge sind junger Blattspinat, feine Paprikastreifen, Kapern und Sardellenfilets (in Öl).

RINDERSTEAK MIT BÄRLAUCHÖL
Feiner Frühlingsbote

FÜR 2 PERSONEN

250 g kleine festkochende Kartoffeln
50 g Bärlauch
50 ml Olivenöl
½–1 EL Zitronensaft
Salz | Pfeffer
1 Bund Frühlingszwiebeln
2 TL Ghee (ersatzweise Kokosöl)
2 Entrecôte-Steaks (je 250 g)

ZUBEREITUNGSZEIT: 30 MIN.
PRO PERSON: CA. 760 KCAL
55 G E, 51 G F, 22 G KH

1 Ein Backblech mit Alufolie auslegen und in den Backofen (Mitte) schieben, Ofen auf 120° vorheizen. Die Kartoffeln waschen, in einem Topf knapp mit Wasser bedecken, zum Kochen bringen und dann bei schwacher Hitze in ca. 20 Min. mit schräg aufgelegtem Deckel gar kochen.

2 Inzwischen Bärlauch waschen und trocken schleudern, Stiele entfernen, Blätter in Streifen schneiden. Den Bärlauch und das Olivenöl in einen hohen Rührbecher geben und mit dem Stabmixer fein pürieren. Bärlauchöl mit Zitronensaft, Salz und Pfeffer abschmecken.

3 Die Frühlingszwiebeln putzen und waschen, nicht zerkleinern. Eine Pfanne stark erhitzen. Ghee in der Pfanne erhitzen. Die Entrecôte-Steaks darin auf beiden Seiten jeweils 1 Min. scharf anbraten. Dann die Steaks auf das Blech legen und im Ofen je nach gewünschtem Garpunkt in 4 Min. blutig, in 8 Min. medium und in 10 Min. well-done garen.

4 Kartoffeln abgießen und ausdampfen lassen. Frühlingszwiebeln in die Pfanne geben und kurz von beiden Seiten anbraten, vom Herd nehmen. Das Fleisch aus dem Ofen holen, mit Alufolie bedecken und kurz ruhen lassen.

5 Die Kartoffeln halbieren und salzen. Frühlingszwiebeln auf zwei Tellern auslegen und die Kartoffeln rundherum verteilen. Steaks salzen, pfeffern und auf den Zwiebeln anrichten. Mit dem Bärlauchöl beträufeln.

44 / JÄGER

4 × PIKANTE BEILAGEN ...

GRÜNE BOHNEN MIT PILZEN

Für 2 Personen
Pro Person: ca. 240 kcal, 8 g E, 17 g F, 11 g KH

200 – 250 g **TK-Brechbohnen** in einem Topf mit **Salzwasser** bedecken, zum Kochen bringen und dann bei mittlerer Hitze in 6 Min. bissfest garen. 200 g **Austernpilze** putzen und in breite Streifen schneiden. 8 getrocknete **Tomaten** in dünne Streifen schneiden. 1 **Knoblauchzehe** schälen und fein würfeln. Die Bohnen in ein Sieb abgießen, kalt abschrecken und sehr gut abtropfen lassen. 2 EL **Olivenöl** in einer Pfanne erhitzen. 1 Pck. **TK-Zwiebel-Duo** und die Austernpilze darin anbraten. Die Bohnen, die Tomaten, den Knoblauch, 2 EL **italienische TK-Kräuter** und 2 EL **Mandeln** dazugeben und 2 – 3 Min. mitbraten. Mit 2 EL **Balsamico bianco** ablöschen und kurz einkochen lassen. Mit **Salz** und **Pfeffer** würzen und servieren.

GURKEN-ZWIEBEL-SALSA

Für 2 Personen
Pro Person: ca. 205 kcal, 4 g E, 16 g F, 8 g KH

1 kleine **Salatgurke** waschen, längs vierteln, in dicke Scheiben schneiden. 1 kleine rote **Zwiebel** schälen, vierteln, in breite Streifen schneiden. 1 kleine rote **Chilischote** entkernen, waschen und fein würfeln. Alle vorbereiteten Zutaten mit je 2 EL gerösteten **Sesamsamen, Limettensaft, Balsamico bianco** und **Sesamöl** verrühren. Die Salsa mit **Salz** würzen, ca. 5 Min. ziehen lassen. Dann 4 – 5 **Kräuterstängel** (z. B. Minze und Koriander) abbrausen und trocken schütteln, die Blätter abzupfen und nach Belieben noch etwas kleiner zupfen. Die Kräuter unter die Salsa mischen und vor dem Servieren noch einmal kurz ziehen lassen.

46 / JÄGER

... zu Medaillons und Minutensteaks von (Wild)Schwein und Kalb sowie zu Lammkoteletts: in einer Grillpfanne in 1 TL Ghee oder Kokosöl bei starker Hitze anbraten, etwas Knoblauch und Rosmarin dazugeben, nach 2–3 Min. wenden und in 2–3 Min. fertig braten. Salzen, pfeffern, fertig.

WARMER RATATOUILLE-SALAT

Für 2 Personen
Pro Person: ca. 305 kcal, 7 g E, 20 g F, 21 g KH

1 gelbe **Paprikaschote** und je 150 g **Aubergine** und **Zucchino** putzen, waschen, klein würfeln. 125 g **Kirschtomaten** waschen. 1 **Knoblauchzehe** schälen, fein würfeln. 3 EL **Pinienkerne** in einer Pfanne ohne Fett hellbraun anrösten und herausnehmen. 2 EL **Olivenöl** in der Pfanne erhitzen. Aubergine darin anbraten, Paprika und Zucchino dazugeben, 4 Min. mitbraten. Tomaten, 1 Pck. **TK-Zwiebel-Duo** und Knoblauch dazugeben, weitere 3 Min. braten. Mit 70 ml **Apfelsaft** ablöschen, einkochen lassen. 1 EL **italienische TK-Kräuter** und 2 EL **Aceto balsamico** unterrühren, kurz ziehen lassen. **Salzen, pfeffern** und die Pinienkerne untermischen. Nach Belieben auf zwei Teller je 1 Handvoll **Blattsalat-Mix** verteilen und den warmen Salat darauf anrichten.

PAK CHOI MIT CASHEWRAHM

Für 2 Personen
Pro Person: ca. 315 kcal, 10 g E, 21 g F, 22 g KH

600 g **Pak Choi** zerpflücken, waschen, trocken schleudern. Stiele klein schneiden, Blätter nach Belieben etwas kleiner zupfen. 1 Stück **Ingwer** (ca. 20 g) schälen und fein würfeln. 2 EL **Cashewmus** mit 3 EL **Apfelsaft** und 1 EL **Limettensaft** glatt verrühren, 1 **Knoblauchzehe** schälen und dazupressen, mit **Salz** würzen. 2 TL **Ghee** (ersatzweise Kokosöl) in einer Pfanne erhitzen. Ingwer, 50 g **Cashewnüsse** und 1 Pck. **TK-Zwiebel-Duo** darin anbraten. Die Pak-Choi-Stiele dazugeben und 2 Min. mitbraten, dann mit 1 EL **Balsamico bianco** ablöschen. Die Blätter ca. 2 Min. in der Pfanne schwenken, Cashewrahm dazugeben und etwas einkochen lassen. Mit Salz, **Pfeffer, Cayennepfeffer** und noch etwas Limettensaft abschmecken.

JÄGER / 47

PAPRIKA-KARTOFFEL-GULASCH

Fauler Eintopfklassiker für Geduldige

FÜR 2 PERSONEN

400 g Zwiebeln
2 TL Ghee (ersatzweise Kokosöl)
450 g Gulaschfleisch (vom Rind)
3 TL Sauerbratengewürz
1 EL Tomatenmark
1 Pck. TK-Suppengrün (75 g)
Kräutersalz
100 ml Traubensaft
1 rote Paprikaschote
200 g vorwiegend festkochende Kartoffeln
1 Knoblauchzehe
2 TL edelsüßes Paprikapulver
Pfeffer
1–2 EL Aceto balsamico

ZUBEREITUNGSZEIT: 20 MIN.
+ 2 1/2 STD. GAREN
PRO PERSON: CA. 585 KCAL
51 G E, 24 G F, 38 G KH

1 Die Zwiebeln schälen und grob würfeln. Ghee in einer großen Pfanne erhitzen. Das Rindfleisch darin rundherum braun anbraten. Die Zwiebeln dazugeben und mitbraten.

2 Das Sauerbratengewürz mit dem Mörser fein zerstoßen und mit Tomatenmark und Suppengrün zum Fleisch und den Zwiebeln geben, kurz weiterbraten. ½ l heißes Wasser mit Kräutersalz würzen und mit dem Traubensaft dazugießen. Das Gulasch zugedeckt bei schwacher Hitze 2 Std. leise köcheln lassen.

3 Paprikaschote putzen, waschen und klein schneiden. Kartoffeln schälen, waschen, längs vierteln und in nicht zu dünne Scheiben schneiden. Den Knoblauch schälen und fein würfeln. Alles mit dem Paprikapulver zum Gulasch geben und in weiteren 30 Min. gar schmoren lassen.

4 Das Paprika-Kartoffel-Gulasch mit Kräutersalz, Pfeffer und Essig abschmecken und servieren.

TIPP:

Auch ein Hirsch- oder Rehgulasch kann auf diese Art zubereitet werden. Allerdings dann in Step 2 nur ¼ l Wasser hinzufügen und das Gulasch nur 45 Min. garen, bevor Kartoffeln und Paprika in Step 3 hinzugefügt werden.

SCHWEINEFLEISCH-CURRY
Fruchtig-scharfer Exot

FÜR 2 PERSONEN

- 1 Knoblauchzehe
- ½ kleine rote Chilischote
- 100 g Apfelmark (mit Mango)
- 100 g Ananasstücke + 100 ml Ananassud (aus der Dose)
- 2–3 TL Currypulver
- 1 TL Ingwerpulver
- Salz
- 400–500 g gemischtes Gemüse (z. B. Paprikaschoten, Zucchini, Lauch und rote Zwiebeln)
- 200 g Minutensteaks (vom Schwein)
- 2 EL Olivenöl
- 30 g Cashewnüsse
- 1 EL Limettensaft

ZUBEREITUNGSZEIT: 25 MIN.
PRO PERSON: CA. 460 KCAL
29 G E, 23 G F, 33 G KH

1 Für die Würzsauce Knoblauch schälen und grob würfeln. Chilischote entkernen, waschen und ebenfalls grob zerkleinern. Beides mit Apfelmark, Ananassud, 50 ml Wasser, 2 TL Currypulver, Ingwerpulver und etwas Salz fein pürieren.

2 Gemüse waschen und putzen oder schälen und in mundgerechte Stücke schneiden. Fleisch quer in dünne Streifen schneiden.

3 Das Olivenöl in einer großen Pfanne erhitzen. Das Gemüse darin 2 Min. anbraten. Fleisch und Cashewnüsse dazugeben und kurz mitbraten. Ananasstücke und die Würzsauce dazugeben, aufkochen und das Curry zugedeckt bei mittlerer Hitze 4–5 Min. kochen lassen.

4 Das Schweinefleisch-Curry danach noch einmal 4–5 Min. offen kochen lassen. Mit Salz, eventuell noch etwas Currypulver und dem Limettensaft abschmecken und servieren.

TIPP:
Andere geeignete Gemüsesorten fürs Curry sind mundgerecht gewürfelte Auberginen, Süßkartoffeln und Hokkaidokürbis sowie Brokkoli und Blumenkohl in Röschen.

FISCHER

Ins Netz gegangen – Fischfilets, Garnelen & Co. sind immer ein guter Fang

DIE SCHNELLEN 4 FÜR FIXE FISCHGERICHTE

GHEE & KOKOSÖL
-->

Ghee, die indische Butterschmalz-Version aus der Ayurveda-Tradition | geklärte Butter, in der kein Milchzucker oder Eiweiß, nur noch das reine Butterfett enthalten ist | stark erhitzbar und perfekt zum Braten | ist in Bio-Qualität im Drogeriemarkt erhältlich | sehr lange haltbar, auch ungekühlt | pflanzlicher Ersatz ist bei Zimmertemperatur festes Bio-**Kokosöl** | gibt Fisch beim Braten einen leichten Buttergeschmack | ist genauso für das Braten von Fleisch und Gemüse perfekt | als **Würzghee** (Seite 70 / 71) kräftiger Aromaspender für **Gegrilltes Lachscarpaccio, Fischfilet »paleolaise«, Zanderröllchen** und **Ofenforelle** | das **Würzghee** eignet sich auch zum Aromatisieren von gebratenem oder gedämpftem Gemüse und als Aufstrich für **Frühstückskuchen** (Seite 26).

CURRYPULVER & –PASTE
<--

Einfache Rundumlösung, wenn's ums exotische Würzen geht | gelbes Pulver und rote Paste kommen ohne Zusatzstoffe aus und sind paleo-konform | das Pulver ist mild, die Paste dagegen chilischarf | rote Currypaste unterstützt Safran in der Sauce zu **Gedämpftem Fisch** (Seite 68) und ist Protagonist im **Roten Gemüsecurry** (Seite 108) | selbst gemachte gelbe Currypaste kommt in der **Ingwer-Spinat-Suppe** (Seite 82) zum Einsatz | gelbes Currypulver ist Hauptwürzzutat in **Aubergine-Möhren-Aufstrich** (Seite 28), **Schweinefleisch-Curry** (Seite 50) und **Rote-Bete-Mango-Suppe** (Seite 64) | **Tipp**: **Gemüsecurry** (Seite 108) statt mit der fertigen scharfen roten Currypaste mal mit der milden gelben Paste (Seite 82) zubereiten.

GARNELEN & FLUSSKREBSE

Perfekt für faule Paleos – wahre Eiweißbomben, dabei wenig Kalorien, dazu fix gegart und megalecker | ausschließlich Garnelen aus nachhaltigem Fang oder aus Bio-Zucht kaufen | bei vorgegarten Garnelen und Flusskrebsen aus dem Kühlregal darauf achten, dass höchstens mit Essig- und Milchsäure konserviert wurde und keine unerwünschten Zusatzstoffe enthalten sind | TK-Garnelen verfeinern **Ananas-Tomaten-Salat** (Seite 61) und toppen **Rote-Bete-Mango-Suppe** (Seite 64) | zum Frühstück im **Rührei mit Zucchini** (Seite 30) ein Genuss | Flusskrebsschwänze veredeln die Sauce beim **Gedämpftem Fisch mit Safran** (Seite 68) | TK-Riesengarnelen können Medaillons beim **Tomatengemüse** (Seite 92) ersetzen.

TK-FISCH

Meist praktisch portioniert als tiefgekühltes Filet | reich an Eiweiß, Vitaminen und wertvollen Omega-3-Fettsäuren | nur Produkte aus nachhaltigem Fischfang oder Bio-Zucht verwenden | beste Wahl im Supermarkt sind bei Seefischen Lachs-, Seelachs- und Kabeljaufilets, bei Süßwasserfischen Zanderfilets und ganze Forellen | vor der Verwendung an- oder auftauen lassen, dafür zugedeckt in den Kühlschrank legen und die Tauzeiten auf der Verpackung beachten, Tauwasser abgießen | vielseitig einsetzbarer Lachs schmeckt in **Lauwarmem Kartoffelsalat** (Seite 61) und überrascht als **Gegrilltes Carpaccio** (Seite 70) | edler Zander schmückt die Tafel auf **Kräutersalat** (Seite 60) oder als **Röllchen mit Spinatfüllung** (Seite 71) | als ganzer Fisch kommt extra-würzige **Ofenforelle** (Seite 71) auf den Tisch.

FISCHER / 55

GEFÜLLTE TOMATEN MIT THUNFISCH
Sommerlicher Appetitmacher

FÜR 2 PERSONEN

- 1 kleine rote Zwiebel
- 1 Knoblauchzehe
- 1 Avocado (Hass)
- 1 Dose Thunfisch (im eigenen Saft, ca. 130 g Abtropfgewicht)
- 2 EL Limettensaft
- 3 EL Apfelessig
- Salz | Pfeffer
- Cayennepfeffer
- 4 Tomaten
- 1 EL Olivenöl
- 50 g Blattsalat-Mix (gewaschen und küchenfertig)

ZUBEREITUNGSZEIT: 20 MIN.
PRO PERSON: CA. 345 KCAL
19 G E, 25 G F, 6 G KH

1 Die Zwiebel und den Knoblauch schälen und fein würfeln. Avocado halbieren und entkernen, die Hälften schälen und klein würfeln. Thunfisch abtropfen lassen und grob zerpflücken. Alles mit Limettensaft und 2 EL Apfelessig vermischen. Mit Salz, Pfeffer und Cayennepfeffer würzen.

2 Tomaten waschen und jeweils einen kleinen Deckel abschneiden. Die Deckel fein hacken, dabei die Stielansätze entfernen. Zerkleinerte Tomaten unter die Avocado-Thunfisch-Mischung mengen. Tomaten mit einem Löffel entkernen. Die Hälfte der Avocado-Thunfisch-Mischung in die Tomaten füllen.

3 Übrigen Apfelessig, Olivenöl, Salz und Pfeffer verrühren und mit dem Blattsalat vermischen, restlichen Avocado-Thunfisch-Mix unterheben. Salat auf kleine Teller verteilen, die gefüllten Tomaten daraufsetzen.

TIPP:
Der Avocado-Thunfisch-Mix schmeckt ohne Tomaten und Salat auch hervorragend – etwa zu Süßkartoffel-Pommes. Dafür Backofen auf 200° vorheizen. 300 g Süßkartoffeln schälen, in pommesgroße Stifte schneiden und in einer Schüssel mit 2 EL zerlassenem Ghee mischen. Pommes auf einem mit Backpapier ausgelegten Blech im Ofen (Mitte) 25 Min. backen. Mit Meersalz bestreuen, fertig.

SPARGELSALAT MIT RÄUCHERLACHS
Formidables Vorspeisen-Duo

FÜR 2 PERSONEN

8 Stangen weißer oder grüner Spargel
2 Eier (M)
2 EL Balsamico bianco
2 TL Zitronensaft
2 TL Dijon-Senf
2 EL Oliven- oder Walnussöl
Salz | Pfeffer
1 TL Ahornsirup
1 EL TK-Dill
4 große Scheiben Räucherlachs (ca. 150 g)
½ Kästchen Gartenkresse

ZUBEREITUNGSZEIT: 25 MIN.
PRO PERSON: CA. 430 KCAL
30 G E, 31 G F, 7 G KH

1 Den Spargel waschen und schälen (grünen Spargel nur im unteren Drittel schälen), die Enden abschneiden. Die Spargelstangen in einem Topf mit Dämpfeinsatz über kochendem Wasser bissfest garen – den weißen Spargel in 6 – 7 Min., den grünen in 4 – 5 Min.

2 In einem Topf die Eier knapp mit Wasser bedecken, zugedeckt zum Kochen bringen und dann noch 5 Min. kochen lassen. Die Spargelstangen in ein Sieb abgießen, kalt abschrecken und abtropfen lassen.

3 Von den Eiern das Kochwasser abgießen, die Eier mit kaltem Wasser übergießen und darin abkühlen lassen.

4 Für das Dressing Essig, Zitronensaft und Senf verrühren, das Öl unterschlagen. Mit Salz, Pfeffer und Ahornsirup abschmecken. Dill unterrühren.

5 Eier schälen, in dünne Scheiben schneiden und auf zwei Tellern auslegen. Je 2 Stangen Spargel in 1 Scheibe Räucherlachs einrollen und auf den Eiern anrichten. Mit dem Dressing beträufeln. Gartenkresse vom Beet schneiden und darüberstreuen.

TIPP:
Mit Pellkartoffeln wird aus der schicken Vorspeise ein feines Hauptgericht.

58 / FISCHER

4 × SÄTTIGENDE SALATE ...

GRÜNER BOHNENSALAT MIT RÄUCHERFORELLE

Für 2 Personen
Pro Person: ca. 260 kcal, 14 g E, 18 g F, 11 g KH

200–250 g **TK-Brechbohnen** in einem Topf mit **Salzwasser** bedecken, zum Kochen bringen und dann bei mittlerer Hitze in 6 Min. bissfest garen. Inzwischen für das Dressing 3 EL **Balsamico bianco,** 2 TL **Dijon-Senf** und ¼ TL **Ahornsirup** verrühren, 3 EL **Olivenöl** unterschlagen. Das Dressing mit **Salz** und **Pfeffer** abschmecken. Die Bohnen in ein Sieb abgießen, kalt abschrecken und sehr gut abtropfen lassen. ½ rote **Zwiebel** schälen und in feine Ringe schneiden. 8 Blätter **Radicchio** waschen und trocken schleudern, 4 Blätter beiseitelegen, restliche Blätter in feine Streifen schneiden. 100 g geräucherte **Forellenfilets** grob zerpflücken. Die Bohnen mit Zwiebel, Radicchiostreifen, Forelle, 2 EL gehacktem **Dill** und dem Dressing vermischen. Übrige Radicchioblättern auf zwei kleine Teller legen und den Salat darin anrichten.

KRÄUTERSALAT MIT ZANDER

Für 2 Personen
Pro Person: ca. 365 kcal, 34 g E, 21 g F, 9 g KH

Fürs Dressing 2 EL **Aceto balsamico,** 1 TL körnigen **Senf** und 2 EL **Walnussöl** verrühren, mit **Salz** und **Pfeffer** würzen. 125 g **Kirschtomaten** waschen, halbieren. 100 g gemischte **Kräuter** (z. B. Petersilie, Dill, Minze und Basilikum) abbrausen und trocken schleudern, Blättchen abzupfen und nach Belieben kleiner zupfen. ½ rote **Zwiebel** schälen und klein würfeln. 1–2 TL **Ghee** (ersatzweise Kokosöl) in einer Pfanne erhitzen. Darin 4 Stücke **TK-Zanderfilet** (je ca. 65 g; aufgetaut) auf der Hautseite bei starker Hitze 2 Min. anbraten. Herd ausstellen, Zander wenden und noch ca. 1 Min. ziehen lassen. Tomaten, Kräuter, Zwiebel und 100 g **Blattsalat-Mix** mit dem Dressing mischen. Salat auf zwei Teller verteilen. Fischfilets mit 1 EL **Zitronensaft** beträufeln, salzen und auf dem Salat anrichten.

60 / FISCHER

..., bei denen Fisch und Garnelen die Hauptrolle spielen und dabei von knackigem Gemüse, aromatischen Kräutern und würzigen Dressings umschmeichelt werden.

LAUWARMER KARTOFFEL-SALAT MIT LACHS

Für 2 Personen
Pro Person: ca. 575 kcal, 29 g E, 36 g F, 33 g KH

400 g festkochende **Kartoffeln** waschen, in einem Topf knapp mit **Salzwasser** bedecken, aufkochen und zugedeckt bei schwacher Hitze in ca. 25 Min. gar kochen. In einer Pfanne 1 TL **Ghee** erhitzen. Darin 250 g angetautes **TK-Lachsfilet** auf beiden Seiten je 2–3 Min. anbraten, dann zugedeckt bei schwacher Hitze in 5–7 Min. gar dünsten. 2 **Frühlingszwiebeln** putzen, waschen, in dünne Ringe schneiden. 150 g **Kirschtomaten** waschen und halbieren. 2 TL körnigen **Senf**, 2 EL **Balsamico bianco** und ¼ TL **Ahornsirup** verrühren, 2 EL **Olivenöl** unterschlagen. Dressing mit **Salz** und **Pfeffer** würzen. Kartoffeln abgießen, pellen, in dünne Scheiben schneiden, mit dem Dressing mischen und kurz abkühlen lassen. Lachs zerpflücken, mit Tomaten, Zwiebeln, 100 g **Blattsalat-Mix** und 1 EL **Olivenöl** unter den Salat heben. Mit Salz und Pfeffer abschmecken. Lauwarm servieren.

ANANAS-TOMATEN-SALAT MIT GARNELEN

Für 2 Personen
Pro Person: ca. 315 kcal, 17 g E, 17 g F, 21 g KH

½ **Ananas** schälen, längs vierteln, den harten Strunk entfernen. Fruchtfleisch quer in dünne Scheiben schneiden. 250 g **Kirschtomaten** waschen und halbieren. 1 rote **Zwiebel** schälen, halbieren und in feine Streifen schneiden. 6–8 Stängel **Koriandergrün** abbrausen, trocken schütteln, Blätter abzupfen und kleiner zupfen. In einer Pfanne 1 EL **Olivenöl** erhitzen. Darin 250 g angetaute **TK-Garnelen** (geschält) rundherum 5 Min. braten, bis sie gar sind. Alles mischen. 1 EL **Apfelessig**, 1 EL **Limettensaft** und 2 EL **Sesamöl** unterrühren. Salat mit **Salz**, **Pfeffer** und **Cayennepfeffer** abschmecken.

TIPP:
Wer nur 100 g Garnelen verwendet, alles ganz fein schneidet und kräftig mit Cayennepfeffer abschmeckt, erhält eine Salsa zu gebratenen Fischfilets, z. B. Lachs und Kabeljau.

FISCHER / 61

TOMATENSUPPE MIT THUNFISCH

Urlaubsfeeling zum Löffeln

FÜR 2 PERSONEN

- 1 Zwiebel
- 1 Knoblauchzehe
- 4 Datteln (ohne Stein)
- 2 EL Olivenöl
- 2 Pck. TK-Suppengrün (je 75 g)
- 1 TL gemahlener Kreuzkümmel
- 1 Glas Bio-Tomatensauce (525 ml) oder 500 g passierte Tomaten
- Salz
- 4 EL italienische TK-Kräuter
- 1 Dose Thunfisch (im eigenen Saft, ca. 130 g Abtropfgewicht)
- 4–5 Stängel Basilikum
- Pfeffer | Cayennepfeffer
- 1 TL Honig

ZUBEREITUNGSZEIT: 25 MIN.
PRO PERSON: CA. 370 KCAL
20 G E, 21 G F, 23 G KH

---

1 Zwiebel und Knoblauch schälen und wie auch die Datteln fein würfeln. Das Öl in einem Topf erhitzen, die Zwiebelwürfel darin glasig dünsten. Suppengrün, Datteln, Knoblauch und den Kreuzkümmel dazugeben und 3 Min. mitdünsten.

2 Tomatensauce oder passierte Tomaten und ¼ l Wasser dazugießen, salzen und aufkochen. Die Suppe mit schräg aufgelegtem Deckel bei schwacher Hitze ca. 8 Min. köcheln lassen, dabei nach 5 Min. die italienischen Kräuter dazugeben.

3 Den Thunfisch abtropfen lassen und grob zerpflücken. Die Basilikumblätter von den Stängeln zupfen. Den Thunfisch und drei Viertel des Basilikums unter die Suppe rühren.

4 Die Tomatensuppe noch kurz ziehen lassen, dann mit Salz, Pfeffer, Cayennepfeffer und Honig abschmecken. Die Suppe auf tiefe Teller oder Suppenschalen verteilen, restliches Basilikum in feine Streifen schneiden und darüberstreuen.

TIPP:
Die Suppe schmeckt auch ohne Basilikum sommerlich-mediterran. Dann finden praktischerweise nur haltbare Zutaten aus dem Vorrat Verwendung – was die Suppe zum Lebensretter macht, wenn die Lust auf einen Beutezug im Supermarkt fehlt.

ROTE-BETE-MANGO-SUPPE
Mit Garnelen einfach perfekt

FÜR 2 PERSONEN

- 250 g TK-Garnelen (geschält)
- 250 g gegarte Rote Beten (vakuumverpackt)
- 150 g Mangofruchtfleisch
- 1 Stück Ingwer (ca. 15 g)
- 1 EL Kokosöl
- 1 Pck. TK-Zwiebel-Duo
- 200 ml Kokosmilch
- 3–4 TL Currypulver
- Salz
- 1–2 EL Limettensaft
- Cayennepfeffer

ZUBEREITUNGSZEIT: 25 MIN.
PRO PERSON: CA. 410 KCAL
19 G E, 24 G F, 29 G KH

1 Die Garnelen etwas antauen lassen. Die Roten Beten abtropfen lassen, das Mangofruchtfleisch schälen, beides in grobe Würfel schneiden. Den Ingwer schälen und fein würfeln.

2 Öl in einem Topf erhitzen, Zwiebel-Duo und Ingwer darin andünsten. Rote Beten und Mango dazugeben und kurz mitdünsten. Kokosmilch und 200 ml Wasser dazugießen. 3 TL Currypulver unterrühren, mit Salz würzen und die Suppe zum Kochen bringen. Zugedeckt bei schwacher Hitze ca. 10 Min. köcheln lassen.

3 Die Garnelen der Länge nach am Rücken ca. ½ cm tief einschneiden. Die Suppe mit dem Stabmixer glatt pürieren und 1 EL Limettensaft unterrühren. Suppe mit Salz und Cayennepfeffer sowie eventuell noch etwas Limettensaft und Currypulver abschmecken.

4 Die Garnelen in die Suppe geben und bei schwacher Hitze in ca. 5 Min. gar ziehen lassen. Rote-Bete-Mango-Suppe auf tiefe Teller oder Suppenschalen verteilen und servieren.

TIPP:
Für einen echten Hingucker etwa die Hälfte der Garnelen nicht in der Suppe gar ziehen lassen, sondern in 2 TL Kokosöl in der Pfanne anbraten, salzen, mit ein wenig Limettensaft und Cayennepfeffer würzen und als Topping auf der Suppe anrichten.

KABELJAU AUF BUNTEM GEMÜSE
Mit zitronig-frischer »Rahmsauce«

FÜR 2 PERSONEN

- 1 **Stange Lauch** (ersatzweise 250 g TK-Lauch)
- 300 g **Möhren**
- 3 **Stangen Staudensellerie**
- 50 g **Cashewmus**
- 3–4 EL **Zitronensaft**
- 1 EL **Balsamico bianco**
- 1 **Knoblauchzehe**
- **Salz | Pfeffer**
- 1 EL **TK-Dill**
- 2 **Stücke TK-Kabeljaufilet** (je ca. 125 g, aufgetaut)

ZUBEREITUNGSZEIT: 25 MIN.
PRO PERSON: CA. 315 KCAL
31 G E, 11 G F, 20 G KH

1 Den Lauch putzen, in dünne Ringe schneiden, waschen und abtropfen lassen. Möhren schälen, Sellerie waschen und putzen, beides in dünne Scheiben schneiden. Gemüse in einem Topf mit Dämpfeinsatz über kochendem Wasser 5 Min. dämpfen. Dann in ein Sieb abgießen, kalt abschrecken und abtropfen lassen.

2 Cashewmus in einer Pfanne mit 3 EL Zitronensaft, Essig und 200 ml Wasser erhitzen. Knoblauch schälen und dazupressen. Alles zu einer cremigen Sauce verrühren, Gemüse dazugeben und kurz in der Pfanne schwenken. Mit Salz und Pfeffer abschmecken, den Dill unterrühren. Das Gemüse zugedeckt warm halten.

3 Kabeljau mit Salz und Pfeffer würzen und ebenfalls in dem Topf mit Dämpfeinsatz über kochendem Wasser 5 Min. dämpfen. Gemüse auf Teller verteilen, den Fisch darauf anrichten und nach Belieben noch mit Zitronensaft beträufeln.

TIPP:
Noch zitroniger wird das Gemüse, wenn Sie 1 Bio-Zitrone heiß waschen und abtrocknen, die Schale fein abreiben und den Saft auspressen. Das Gemüse dann wie beschrieben mit dem Zitronensaft zubereiten, Zitronenschale mit dem Dill unterrühren. Und: Statt mit Kabeljau schmeckt das Gemüse auch mit Seelachs sehr fein.

GEDÄMPFTER FISCH MIT SAFRAN

Feines Festmahl mit Exotik-Touch

FÜR 2 PERSONEN

- 1 TL Ghee (ersatzweise Kokosöl)
- ½ Pck. TK-Zwiebel-Duo
- 1 Msp. rote Currypaste
- 1 Döschen Safranfäden
- 1 Prise gemahlene Kurkuma
- 200 ml Kokosmilch
- 50 ml Traubensaft
- Salz
- 400 g Brokkoli
- 2 Stücke TK-Fischfilet (Lachs, Kabeljau oder Seelachs; je ca. 125 g, aufgetaut)
- Pfeffer
- 80 g Flusskrebsschwänze (vorgegart, ersatzweise Garnelen)
- 1 EL Limettensaft

ZUBEREITUNGSZEIT: 25 MIN.
PRO PERSON: CA. 540 KCAL
38 G E, 38 G F, 11 G KH

1 Für die Sauce in einem Topf Ghee erhitzen und das Zwiebel-Duo darin anbraten. Die Currypaste mit Safran und Kurkuma dazugeben, kurz unterrühren. Mit Kokosmilch, Traubensaft und 50 ml Wasser ablöschen, leicht salzen. Sauce bei mittlerer Hitze ca. 8 Min. kochen lassen.

2 Brokkoli putzen, in kleine Röschen teilen, waschen und abtropfen lassen. Die Röschen in dünne Scheiben schneiden. Fisch mit Salz und Pfeffer würzen. Beides in einem Topf mit Dämpfeinsatz über kochendem Wasser 5 Min. dämpfen.

3 Flusskrebsschwänze in die Sauce geben und kurz ziehen lassen. Die Sauce mit Limettensaft und Salz abschmecken.

4 Den Brokkoli salzen, pfeffern und auf Teller verteilen, die Lachsfilets daraufsetzen. Alles mit der Sauce übergießen und servieren.

TIPP:
Der Fisch kann statt mit Brokkoli auch mit 200 g Zuckerschoten gedämpft und serviert werden. Bei den kleinen Schoten müssen jedoch – gar nicht faul – vor dem Garen erst noch die Fäden abgezogen werden.

4 × OFENFISCH MIT WÜRZGHEE ...

GEGRILLTES LACHSCARPACCIO

Für 2 Personen
Pro Person: ca. 440 kcal, 26 g E, 35 g F, 4 g KH

Backofengrill vorheizen. 250 g **TK-Lachsfilet** (aufgetaut) in dünne Scheiben schneiden, auf zwei ofenfesten Tellern auslegen. 2 EL **Würzghee** gleichmäßig dünn auf die Lachsscheiben streichen. 1 EL **Salatkerne-Mix** darüberstreuen. 4 Stängel **Dill** abbrausen, trocken schütteln und die Blättchen abzupfen. 5 **Frühlingszwiebeln** putzen, waschen und in feine Ringe schneiden. 10 **Kirschtomaten** waschen, halbieren und mit Frühlingszwiebeln, Dill und 50 g **Blattsalat-Mix** mischen. Lachs unter dem Grill (Mitte) 5 Min. grillen. 1 EL **Balsamico bianco,** 2 TL **Zitronensaft** und 1 EL **Walnussöl** verrühren, mit **Salz** und **Pfeffer** würzen. Dressing mit dem Salat mischen, Salat auf dem Lachs anrichten.

FISCHFILET »PALEOLAISE«

Für 2 Personen
Pro Person: ca. 450 kcal, 22 g E, 38 g F, 6 g KH

Backofen auf 200° vorheizen. 3 Stängel **Estragon** (wer Estragon nicht mag, nimmt einfach Kerbel, Basilikum oder Petersilie) abbrausen und trocken schütteln, die Blätter abzupfen und grob hacken. Mit 4 EL **Würzghee** und 4 EL gemahlenen **Haselnüssen** im Blitzhacker fein hacken. 2 EL **Sesamsamen** unterrühren. 2 Stücke **TK-Fischfilet** (je ca. 100 g; Kabeljau oder Seelachs; aufgetaut) in eine kleine Auflaufform legen, die Estragon-Haselnuss-Masse gleichmäßig darauf verteilen. Im Ofen (Mitte) 15 Min. überbacken.

..., das feinem, mildem Fisch ordentlich Aroma verleiht: 50 g Ghee bei schwacher Hitze zerlassen. Abgeriebene Schale und 2 EL Saft von 1 Bio-Zitrone, 1 durchgepresste Knoblauchzehe, 2 TL körnigen Senf, 1 EL TK-6-Kräuter-Mischung und 2 EL TK-Schnittlauchröllchen unterrühren. Mit Salz, Pfeffer und Cayennepfeffer abschmecken. In ein Schraubglas füllen und gut verschließen. Haltbarkeit: 1 Woche (im Kühlschrank).

ZANDERRÖLLCHEN

Für 2 Personen
Pro Person: ca. 205 kcal, 25 g E, 11 g F, 0 g KH

Backofen auf 200° vorheizen. 2 getrocknete **Tomaten** klein würfeln. Mit 50 g noch gefrorenem **TK-Blattspinat** (nicht zu Blöcken gepresst) und 2 EL **Würzghee** im Blitzhacker fein pürieren. 4 Stücke **TK-Zanderfilet** (je ca. 65 g; aufgetaut) mit der Hautseite nach unten auf die Arbeitsfläche legen. Die Spinatmasse darauf verteilen. Die Filets von der Schmalseite her aufrollen und mit einem Zahnstocher feststecken. Die Röllchen hochkant in eine kleine Auflaufform stellen und im Ofen 15 Min. garen.

OFENFORELLE

Für 2 Personen
Pro Person: ca. 405 kcal, 36 g E, 25 g F, 8 g KH

Backofen auf 220° vorheizen. Bei 2 Bögen Alufolie rundherum einen 2 cm hohen Rand formen, sodass zwei Schalen entstehen. Je 1 rote und gelbe **Paprikaschote** putzen, waschen und klein würfeln. 3–4 Stangen **Staudensellerie** putzen, waschen und in dünne Scheiben schneiden. 2 **TK-Regenbogen-Forellen** (je 250 g; aufgetaut) innen und außen **salzen** und **pfeffern** und in die Aluschalen legen. Das Gemüse und 4 TL **Kapern** daneben verteilen. Bei beiden Forellen je 1 EL **Würzghee** in den Bauchraum geben und je 1 EL **Würzghee** auf der Haut verteilen. Im Ofen (Mitte) 20–30 Min. garen.

PFANNKUCHEN MIT RÄUCHERFISCH

Vertraut und doch überraschend anders

FÜR 2 PERSONEN

- **2 Eier** (M)
- **4 EL geschrotete Leinsamen**
- **4 EL gemahlene Mandeln**
- **Salz**
- **2 Tomaten**
- **3 EL Balsamico bianco**
- **Pfeffer**
- **100 g Räucherfisch** (z.B. Lachs, Forelle, Heilbutt oder Makrele; ohne Gräten)
- **2 EL Ghee** (ersatzweise Kokosöl)
- **1 EL Sesamsamen**
- **2–3 TL körniger Senf**
- **100 g Blattsalat-Mix** (mit Spinat, gewaschen und küchenfertig)
- **1 Kästchen Gartenkresse**

ZUBEREITUNGSZEIT: 20 MIN.
+ 20 MIN. BACKEN
PRO PERSON: CA. 585 KCAL
34 G E, 45 G F, 8 G KH

1 Für den Teig die Eier, Leinsamen, Mandeln, 1 Prise Salz und 100 ml Wasser in einen hohen Rührbecher geben und mit dem Stabmixer gut durchmixen. Den Teig 10 Min. quellen lassen.

2 Inzwischen Tomaten waschen und in dünne Scheiben schneiden. Mit dem Essig beträufeln, mit Salz und Pfeffer würzen und beiseitestellen. Den Räucherfisch etwas kleiner zupfen.

3 Den Teig mit 2 – 3 EL Wasser verdünnen, sodass er zähflüssig wird. 1 EL Ghee in einer beschichteten Pfanne erhitzen. Die Hälfte des Teiges gleichmäßig darin verteilen und mit der Hälfte des Sesams bestreuen. Den Pfannkuchen bei mittlerer Hitze ca. 5 Min. backen, bis er gestockt und die Unterseite leicht gebräunt ist.

4 Den Pfannkuchen vorsichtig wenden, mit der Hälfte des Senfs bestreichen und mit 50 g Fisch belegen. Pfannkuchen weiterbacken, bis auch die andere Seite leicht gebräunt ist.

5 Dann auf dem Fisch 1 Handvoll Blattsalat verteilen und 4 Tomatenscheiben darauflegen. Den Pfannkuchen zusammenklappen und auf einen Teller geben. Den zweiten Pfannkuchen wie beschrieben backen und belegen. Kresse vom Beet schneiden und die Hälfte davon über die beiden Pfannkuchen streuen.

6 Restlichen Blattsalat mit übrigen Tomaten und übriger Kresse mischen und neben den Pfannkuchen auf den Tellern anrichten.

NESTRÄUBER

Ob Eier, Keule oder Rücken – Geflügel weiß immer zu entzücken

DIE SCHNELLEN 4 FÜR FANS VON FEDERVIEH

EIER

Reich an wertvollem Eiweiß, das vom menschlichen Körper perfekt genutzt werden kann | zusätzlich vollgepackt mit fettlöslichen Vitaminen | nur Bio-Eier von Hühnern aus Freilandhaltung verwenden | Klassiker in der bodenständigen Hausmannskost, gekocht in **Brokkolisuppe** und in **Senfsauce**, als Spiegelei auf **Gemüserösti** (alle Seite 84 / 85) | schmeckt auf italienische Art als **Frittata mit grünen Bohnen** (Seite 86) | verleiht **Frühstückskuchen** (Seite 26) Bindung und ist als **Ei-Ananas-Senf-Aufstrich** (Seite 28) gleichzeitig passender Belag | im Frühling treuer Begleiter zu **Spargelsalat mit Räucherlachs** (Seite 58) und **Ofenspargel** (Seite 84) | Abnehm-**Tipp:** Eiweißreiches Frühstück schützt vor Heißhungerattacken und sorgt so dafür, dass wir im Laufe des Tages weniger Kalorien zu uns nehmen.

FILET & MEDAILLON VON HÄHNCHEN UND PUTE

Mageres, eiweißreiches Fleisch – perfekt für figurbewusste Paleos | schnell gebraten oder im Ofen gegart | auch hier gilt: bitte nur Bio-Geflügel verwenden | Hähnchenbrustfilet steht gebraten bei **Avocadosalat** (Seite 78), pochiert bei **Apfel-Sellerie-Salat** (Seite 80) und **aus dem Ofen** (Seite 88) stets im Mittelpunkt | passt in Streifen geschnitten und gebraten hervorragend zu Salaten mit **Paleo-Caesar's-Dressing** (Seite 104) | Putenbrustfilet oder -medaillons garen sanft in **Ingwer-Spinat-Suppe** (Seite 82) oder im Ofen auf **Tomatengemüse** (Seite 92) | **Tipp:** Für einen nachhaltigen, paleo-affinen Konsum auch mal andere Geflügelteile verwenden, etwa Flügel, Keulen oder ganze Vögel!

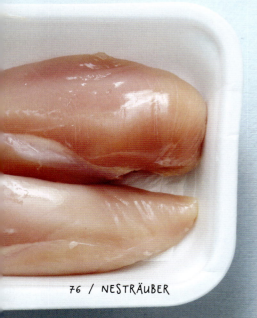

76 / NESTRÄUBER

SPINAT FRISCH & TK

Weist wertvolle Vitamine, Spurenelemente und Antioxidantien auf | um das enthaltene Eisen besser verfügbar zu machen, möglichst mit Vitamin-C-reichen Obst- und Gemüsesorten genießen | junger Spinat ist ein prima Blattsalat und häufig auch Bestandteil von küchenfertigen Blattsalat-Mischungen aus dem Supermarkt | nicht zu Blöcken gepresster TK-Blattspinat ist besonders praktisch, da er portionsgenau entnommen und noch gefroren weiterverabeitet werden kann | mit Avocado, Grapefruit und **Sesamhähnchen** (Seite 78) ein echter Salat-Blockbuster | als currywürzige **Suppe mit Pute** (Seite 82) ein asiatisch angehauchtes Aromenfeuerwerk | klassisch kombiniert mit **Eiern in Senfsauce** (Seite 85) und **Frittata mit grünen Bohnen** (Seite 86).

ACETO BALSAMICO & BALSAMICO BIANCO

Dunkler und heller Traubenmostessig aus Italien | bestechen beide durch milde Säure und fruchtiges Aroma und sind mittlerweile aus Salaten und mediterran anmutenden Gerichten nicht mehr wegzudenken | bei Massenprodukten werden oft Zuckercouleur und andere Zusatzstoffe zugesetzt, diese Essige sind nicht paleo-konform | beim Einkauf auf die Bezeichnung »Balsamico Tradizionale« achten oder Bio-Produkte aus dem Drogeriemarkt verwenden | Aceto balsamico ist als Dressing beim **Blattsalat mit Steakstreifen** (Seite 36) der Hit und als **Balsamico-Kakao-Dressing** (Seite 105) eine Sensation für Blattsalate mit fruchtiger Ergänzung, z. B. mit Beeren, Birnen oder Äpfeln | Balsamico bianco würzt **Avocadosalat mit Sesamhuhn** (Seite 78) und **Apfel-Sellerie-Salat mit Huhn** (Seite 80).

AVOCADOSALAT MIT SESAMHUHN

Salat-Superstar

FÜR 2 PERSONEN

1 rote Zwiebel
2 EL Balsamico bianco
3 EL Olivenöl
2 Knoblauchzehen
Salz | Pfeffer
1 rosa Grapefruit
1 Avocado (Hass)
200 g Hähnchenbrustfilet
1 Ei (M)
3 EL Sesamsamen
150 g junger Blattspinat oder Blattsalat-Mix (mit Spinat, gewaschen und küchenfertig)

ZUBEREITUNGSZEIT: 25 MIN.
PRO PERSON: CA. 685 KCAL
33 G E, 51 G F, 21 G KH

1 Die Zwiebel schälen und fein würfeln, in einer Schüssel mit Essig und 2 EL Olivenöl verrühren. Knoblauch schälen und 1 Zehe dazupressen. Das Dressing mit Salz und Pfeffer würzen.

2 Grapefruit so schälen, dass auch die weiße Haut mit entfernt wird. Die Filets zwischen den Trennhäuten herausschneiden und halbieren. Den Grapefruitrest ausdrücken und den Saft mit den Filets zum Dressing in die Schüssel geben.

3 Die Avocado halbieren und entkernen. Die Hälften schälen und in kleine Würfel schneiden. Avocado ebenfalls zum Dressing geben.

4 Hähnchenbrustfilet quer in 1 – 2 cm dicke Streifen schneiden, mit Salz und Pfeffer würzen. Ei und Sesam verrühren, restlichen Knoblauch dazupressen, mit Salz und Pfeffer würzen.

5 Das übrige Olivenöl in einer Pfanne erhitzen. Die Fleischstreifen durch die Ei-Sesam-Mischung ziehen und in der Pfanne rundherum 4 – 5 Min. bei mittlerer Hitze braten, bis die Filetstücke leicht gebräunt und gar sind.

6 Blattspinat oder Blattsalat-Mix zu Grapefruit und Avocado geben und alles vermischen. Den Salat auf zwei Tellern anrichten, das Sesamhuhn darauf verteilen.

TIPP:

Lust auf Abwechslung? Dann statt Sesam gehackte Kürbiskerne verwenden!

APFEL–SELLERIE–SALAT MIT HUHN

Waldorf nach Paleo-Art

FÜR 2 PERSONEN

¼ l ungesüßter Mandeldrink
1 Knoblauchzehe
Kräutersalz
200 g Hähnchenbrustfilet
2 EL Balsamico bianco
1 EL Dijon-Senf
2 EL Walnussöl
Pfeffer
3 Stangen Staudensellerie
1 Apfel
100 g Ananasstücke (aus der Dose)
50 g Walnusskerne
1 TL Currypulver (nach Belieben)

ZUBEREITUNGSZEIT: 30 MIN.
PRO PERSON: CA. 510 KCAL
27 G E, 31 G F, 26 G KH

1 Den Mandeldrink mit 100 ml Wasser in einem Topf zum Kochen bringen. Knoblauch schälen und dazupressen, mit etwas Kräutersalz würzen. Die Hitze reduzieren, die Hähnchenbrust in den Sud geben und zugedeckt bei schwacher Hitze in 15 Min. gar ziehen lassen.

2 Inzwischen für das Dressing Essig und Senf verrühren, das Öl unterschlagen, mit Kräutersalz und Pfeffer würzen.

3 Den Staudensellerie waschen, putzen und in dünne Scheiben schneiden. Den Apfel schälen, entkernen und klein würfeln. Die Ananasstücke halbieren. Walnüsse grob zerbröckeln oder hacken. Alles mit dem Dressing mischen.

4 Das Fleisch abgießen, kalt abschrecken und abtropfen lassen. Noch heiß mit den Händen in ca. 1 cm dicke Streifen rupfen, etwas abkühlen lassen und unter den Salat mischen. Salat kurz ziehen lassen, dann mit Kräutersalz, Pfeffer und nach Belieben Currypulver abschmecken.

TIPP:

Ebenfalls sehr fein – die Ananasstücke nach Belieben durch 1–2 Mandarinen oder Clementinen ersetzen.

INGWER-SPINAT-SUPPE MIT PUTE

Wärmt an kalten Tagen richtig durch

FÜR 2 PERSONEN

- 1 Stück Ingwer (ca. 20 g)
- 2 Knoblauchzehen
- 1 Frühlingszwiebel
- 3 TL Currypulver
- 2 – 3 EL Limettensaft
- 1 – 2 TL Ahornsirup
- 1 EL Olivenöl
- 200 ml Kokosmilch
- Salz
- 200 g Putenfleisch (Schnitzel oder Medaillons)
- 100 g Shiitake-Pilze (ersatzweise Champignons oder Egerlinge)
- 100 g TK-Spinat (nicht zu Blöcken gepresst, angetaut)
- 1 TL Dijon-Senf
- Pfeffer

ZUBEREITUNGSZEIT: 25 MIN.
PRO PERSON: CA. 200 KCAL
27 G E, 7 G F, 6 G KH

1 Ingwer und Knoblauch schälen und grob zerkleinern. Frühlingszwiebel putzen, waschen und in dünne Ringe schneiden. Vorbereitete Zutaten (bis auf die grünen Zwiebelringe) mit dem Currypulver, 2 EL Limettensaft, 1 TL Ahornsirup und dem Olivenöl in einen hohen Rührbecher geben und mit dem Stabmixer fein pürieren. Nach und nach die Kokosmilch dazugießen und jeweils glatt untermixen.

2 Die Curry-Kokos-Mischung in einem Topf mit 200 ml Wasser zum Kochen bringen, dann mit Salz würzen.

3 Putenfleisch quer in ca. 1 cm breite Streifen schneiden. Die Shiitake-Pilze putzen und die Stiele komplett entfernen. Die Pilzhüte in dünne Scheiben schneiden. Beides mit dem Spinat in die Suppe geben und darin bei schwacher Hitze 6 – 8 Min. ziehen lassen.

4 Senf und grüne Frühlingszwiebelringe unter die Suppe rühren. Mit Salz und Pfeffer sowie eventuell übrigem Limettensaft und Ahornsirup abschmecken. Die Suppe auf zwei tiefe Teller verteilen und servieren.

TIPP:
Diese aromatische Suppe schmeckt statt mit Pute auch mit Garnelen hervorragend. Dafür 200 g TK-Garnelen (geschält) einfach mit dem Spinat in die Suppe geben.

4 × Eier im Schnelldurchgang ...

Brokkolisuppe mit hart gekochtem Ei

Für 2 Personen
Pro Person: ca. 410 kcal, 16 g E, 27 g F, 26 g KH

250 g vorwiegend festkochende **Kartoffeln** schälen, waschen, klein schneiden. 1 TL **Ghee** (ersatzweise Kokosöl) in einem Topf erhitzen. 1 Pck. **TK-Zwiebel-Duo** und die Kartoffeln darin andünsten. 200 ml **Kokosmilch,** 200 ml **Wasser** und 50 ml **Apfelsaft** dazugießen, **salzen,** aufkochen und ca. 3 Min. offen kochen lassen. 250 g **Brokkoli** waschen, putzen und klein schneiden. Zu den Kartoffeln geben und weitere 10 Min. bei schwacher bis mittlerer Hitze zugedeckt kochen. 2 **Eier** (M) in ca. 6 Min. wachsweich kochen, kalt abschrecken. Die Suppe fein pürieren und eventuell mit **Wasser** verdünnen. 4 EL **TK-Gartenkräuter** und 1–2 TL frisch geriebenen **Meerrettich** unterrühren. Suppe mit **Salz, Pfeffer** und 1 EL **Balsamico bianco** würzen und auf Teller verteilen. Eier schälen, halbieren, auf der Suppe anrichten. ½ Kästchen **Gartenkresse** vom Beet schneiden, darüberstreuen.

Pochiertes Ei auf Ofenspargel

Für 2 Personen
Pro Person: ca. 315 kcal, 19 g E, 24 g F, 6 g KH

Für dieses Rezept benötigen Sie eine Mikrowelle. Backofen auf 200° vorheizen. 500 g **grünen Spargel** waschen, im unteren Drittel schälen, Enden abschneiden. Spargel auf den mit Backpapier ausgelegten Rost legen, 2 EL zerlassenes **Ghee** darüberträufeln, **salzen.** Spargel im Ofen (Mitte) 12 Min. garen. 2 TL **körnigen Senf** mit 2 TL **Limettensaft** und 2 TL **Wasser** verrühren. 4 **Radieschen** putzen, waschen, in feine Stifte schneiden. 4 **Eier** (M) nacheinander pochieren. Dafür jeweils ca. 5 mm hoch heißes Wasser in ein ofenfestes Portionsförmchen füllen, 1 Ei ins Förmchen aufschlagen und in der Mikrowelle auf höchster Stufe 35–40 Sek. garen. Flüssigkeit abgießen, Ei auf einen Teller gleiten lassen. Den Spargel auf Tellern anrichten, Radieschen aufstreuen, 1 EL **Limettensaft** darüberträufeln. Die Eier daraufsetzen, salzen, **pfeffern** und mit dem Limettensenf beträufeln. 1 Kästchen **Gartenkresse** vom Beet schneiden, darüberstreuen.

..., die einfach, ehrlich und heimisch-herzhaft auf den Teller kommen, Erinnerungen an die Kindheit wecken und echtes »Seelenfutter« sind.

EIER IN SENFSAUCE

Für 2 Personen
Pro Person: ca. 290 kcal, 20 g E, 20 g F, 7 g KH

Je nach Wunsch 2 oder 4 **Eier** (M) in ca. 6 Min. wachsweich kochen, kalt abschrecken. In einem Topf 1 TL **Ghee**, 50 ml **Wasser** und 300 g noch gefrorenen **TK-Spinat** (nicht zu Blöcken gepresst) erhitzen. 1 **Knoblauchzehe** schälen, die Hälfte dazupressen. Mit **Kräutersalz** würzen und den Spinat 5 Min. dünsten. Für die Sauce restlichen Knoblauch zu 200 ml **Wasser** in einen Topf pressen. 2 EL **Cashewmus**, 1 TL **Hefeflocken** und ½ EL **Apfelessig** unterrühren, mit Kräutersalz würzen, aufkochen und in 3–4 Min. leicht dicklich einkochen lassen. Vom Herd nehmen und 5 TL körnigen **Senf** unterrühren. Mit Kräutersalz, **Pfeffer**, 2 TL **Apfelessig** und ¼ TL **Ahornsirup** abschmecken. Eier schälen und in die Sauce legen. Spinat mit Kräutersalz, Pfeffer und frisch geriebener **Muskatnuss** würzen, auf Teller verteilen. Die Eier mit der Sauce darauf anrichten. Dazu passen Pellkartoffeln.

GEMÜSERÖSTI MIT SPIEGELEI

Für 2 Personen
Pro Person: ca. 370 kcal, 15 g E, 25 g F, 23 g KH

300 g vorwiegend festkochende **Kartoffeln** und 1 **Möhre** schälen, waschen, würfeln und im Blitzhacker grob zerkleinern. 2 EL **italienische TK-Kräuter** und 1 **Ei** (M) dazugeben. Mit **Kräutersalz**, **Pfeffer** und frisch geriebener **Muskatnuss** würzen. In 2 Pfannen je 1 EL **Olivenöl** erhitzen. Die Masse darin verteilen und zu 20 cm großen Rösti formen (gut andrücken!). Bei schwacher bis mittlerer Hitze zugedeckt in 8–10 Min. backen, bis die Unterseite knusprig ist. Rösti vorsichtig wenden und offen in 8–10 Min. fertig braten. 4 **Snacktomaten** waschen, in dicke Scheiben schneiden. Rösti auf Teller legen, mit Küchenpapier abtupfen. 2 **Eier** (M) mit 2 EL **Ghee** zu Spiegeleiern braten, dabei die Tomatenscheiben mitbraten. Die Rösti mit je 1 TL **körnigem Senf** bestreichen, 2 Handvoll **Blattsalat-Mix** darüberstreuen. Tomaten und Spiegeleier mit Kräutersalz und Pfeffer würzen, auf die Rösti geben.

FRITTATA MIT GRÜNEN BOHNEN

Grünes Eiweißwunder

FÜR 2 PERSONEN

150 g TK-Brechbohnen
Salz
4 Eier (M)
100 g TK-Spinat (nicht zu Blöcken gepresst)
2 EL TK-Gartenkräuter
2 EL Balsamico bianco
1 Knoblauchzehe
Kräutersalz | Pfeffer
1 Prise edelsüßes Paprikapulver
3 EL Olivenöl
1 Tomate
4–5 Stängel Basilikum

ZUBEREITUNGSZEIT: 25 MIN.
PRO PERSON: CA. 360 KCAL
18 G E, 28 G F, 9 G KH

1 Die Bohnen noch gefroren in einen Topf geben, knapp mit Salzwasser bedecken und zum Kochen bringen. Die Bohnen bei mittlerer Hitze in 6 Min. bissfest garen. Inzwischen die Eier mit dem noch gefrorenen Spinat, den Kräutern und 1 EL Essig verrühren. Den Knoblauch schälen und dazupressen.

2 Die Bohnen in ein Sieb abgießen, kalt abschrecken und abtropfen lassen. Dann trocken schleudern und unter die Eiermasse rühren. Mit Kräutersalz, Pfeffer und Paprikapulver würzen.

3 In einer beschichteten Pfanne 2 EL Olivenöl erhitzen. Die Eier-Gemüse-Masse gleichmäßig darin verteilen. Bei mittlerer Hitze zugedeckt 5–7 Min. backen, bis die Unterseite knusprig gebräunt und die Oberseite fast gestockt ist.

4 Inzwischen die Tomate waschen und in kleine Würfel schneiden, dabei den Stielansatz entfernen. Die Basilikumblätter von den Stängeln und etwas kleiner zupfen. Beides mit restlichem Essig und Olivenöl vermischen, mit Kräutersalz und Pfeffer würzen.

5 Die Frittata vorsichtig wenden und offen in weiteren 5 Min. fertig backen, dann auf eine Servierplatte oder einen großen Teller gleiten lassen. Die Tomaten-Basilikum-Mischung ohne die ausgetretene Flüssigkeit darauf anrichten.

GEFÜLLTE HÄHNCHENBRUST

Sommerlich – leicht – mediterran

FÜR 2 PERSONEN

- 2 **Hähnchenbrustfilets** (je 150–200 g)
- 3 EL **Tomaten-Feigen-Pesto** (Seite 113)
- **Salz | Pfeffer**
- 2 EL **Olivenöl**
- 500 g **Zucchini**
- 50 g **getrocknete Tomaten**
- 60 g **grüne Oliven** (ohne Stein)
- 1 **Knoblauchzehe**
- 4–5 **Stängel Basilikum**
- 60 ml **Apfelsaft**
- 2 EL **Balsamico bianco**

ZUBEREITUNGSZEIT: 30 MIN.
PRO PERSON: CA. 455 KCAL
45 G E, 23 G F, 13 G KH

1 Den Backofen auf 150° vorheizen. Den Rost mit Backpapier auslegen. Jedes Hähnchenbrustfilet horizontal der Länge nach so einschneiden, dass eine Tasche entsteht. Das Tomaten-Feigen-Pesto darin verteilen. Das Fleisch rundherum mit Salz und Pfeffer würzen.

2 In einer Pfanne 1 EL Olivenöl erhitzen, die Hähnchenbrüste darin rundherum anbraten, dann auf den Rost legen und im Ofen (Mitte) ca. 12 Min. garen.

3 Die Zucchini waschen, putzen und in dünne Scheiben schneiden. Die getrockneten Tomaten in dünne Streifen schneiden, Oliven halbieren. Knoblauch schälen und fein würfeln. Die Basilikumblätter von den Stängeln zupfen.

4 Restliches Olivenöl in der Pfanne erhitzen. Zucchini, Tomaten und Oliven darin 5 Min. anbraten. Knoblauch hinzufügen, mit Apfelsaft ablöschen und diesen einkochen lassen. Erneut mit dem Essig ablöschen. Mit Salz und Pfeffer würzen, Basilikum unterrühren.

5 Das Zucchini-Tomaten-Gemüse auf Teller verteilen, die Hähnchenbrüste darauf anrichten.

88 / NESTRÄUBER

HÄHNCHENKEULEN MIT WÜRZKRAUT

Mild-süßsauer und exotisch-würzig

FÜR 2 PERSONEN

- 2 EL Olivenöl
- 1–2 TL Ahornsirup
- 2 TL Ras-el-Hanout
- 2–3 TL Harissapaste
- 1 Knoblauchzehe
- Salz
- 2 Hähnchenkeulen (je ca. 300 g)
- 200 g Aprikosen
- 2 EL Pinienkerne
- 3 Stängel Petersilie
- 2 TL Ghee (ersatzweise Kokosöl)
- 3 Msp. Zimtpulver
- 400 g Sauerkraut
- 2 EL Sultaninen
- 100 ml Traubensaft

ZUBEREITUNGSZEIT: 25 MIN.
+ 45 MIN. BACKEN
PRO PERSON: CA. 710 KCAL
46 G E, 45 G F, 27 G KH

1 Das Backblech mit Alufolie auslegen und in den Backofen (Mitte) schieben, den Ofen auf 200° vorheizen. Für die Marinade das Olivenöl mit ½ TL Ahornsirup, 1 ½ TL Ras-el-Hanout und 1 TL Harissa verrühren. Knoblauch schälen und dazupressen, die Marinade mit Salz würzen.

2 Die Hähnchenkeulen gleichmäßig mit der Marinade bestreichen. Die Keulen mit der Hautseite nach oben auf das Blech legen und im Ofen 45 Min. braten, dabei jeweils nach 15 Min. immer wieder wenden.

3 Für das Sauerkraut Aprikosen waschen, entsteinen und in schmale Spalten schneiden. Die Pinienkerne in einer Pfanne ohne Fett hellbraun anrösten und wieder herausnehmen. Petersilie abbrausen und trocken schütteln, die Blättchen abzupfen und nicht zu fein hacken.

4 Das Ghee in der Pfanne erhitzen, restliches Harissa und Ras-el-Hanout und 1 Msp. Zimt kurz darin anbraten. Das abgetropfte Sauerkraut dazugeben und kurz in der Pfanne schwenken. Die Aprikosen, die Sultaninen, den Traubensaft und 100 ml Wasser hinzufügen. Alles zugedeckt 10 Min. bei schwacher Hitze köcheln lassen.

5 Die Pinienkerne unter das Kraut mischen, mit Salz, übrigem Zimt und Ahornsirup würzen. Auf Teller verteilen und mit der Petersilie bestreuen. Die Hähnchenkeulen daneben anrichten.

90 / NESTRÄUBER

MEDAILLONS AUF TOMATENGEMÜSE
Ein kleines Stück vom Glück

FÜR 2 PERSONEN

1 Zucchino
1 Knolle Fenchel
200 g Austernpilze
2 EL Olivenöl
2 Knoblauchzehen
4 Medaillons (von Pute oder Hähnchen, je ca. 80 g)
Salz | Pfeffer
3 EL Aceto balsamico
1 Glas Tomatensauce (525 ml) oder
500 g passierte Tomaten
2 EL italienische TK-Kräuter
1 TL Ahornsirup
4–5 Stängel Basilikum

ZUBEREITUNGSZEIT: 25 MIN.
+ 25 MIN. BACKEN
PRO PERSON: CA. 395 KCAL
37 G E, 21 G F, 14 G KH

1 Den Backofen auf 200° vorheizen. Zucchino und Fenchel waschen und putzen, Austernpilze putzen, alles klein schneiden. Olivenöl in einer ofenfesten Pfanne erhitzen. Darin zunächst den Fenchel 3 Min. anbraten, dann Zucchino und die Pilze dazugeben und 3 Min. mitbraten.

2 Inzwischen den Knoblauch schälen, 1 Zehe halbieren und die Medaillons damit einreiben. Das Fleisch mit Salz und Pfeffer würzen.

3 Alle Knoblauchzehen zum Gemüse pressen, salzen, pfeffern und mit 2 EL Essig ablöschen. Die Tomatensauce oder passierten Tomaten, TK-Kräuter und Ahornsirup dazugeben, einmal aufkochen lassen. Gemüse mit Salz und Pfeffer abschmecken. Medaillons aufs Tomatengemüse legen und im Ofen (Mitte) 20–25 Min. garen.

4 Basilikumblätter von den Stängeln zupfen und nach Belieben in feine Streifen schneiden. Die Pfanne aus dem Ofen nehmen, das Gemüse und Fleisch mit dem übrigen Essig beträufeln und ein wenig Pfeffer grob darübermahlen. Mit dem Basilikum bestreut servieren.

TIPP:
Unbedingt probieren – statt der Medaillons 160 g TK-Riesengarnelen (ohne Kopf, mit aufgeschnittener Schale) waschen und trocken tupfen. Die Garnelen noch gefroren auf den Tomaten-Gemüse-Mix legen (Step 3) und wie beschrieben garen. Statt mit Essig mit etwas Zitronensaft beträufeln.

SAMMLER

Back to the Roots mit Wurzeln, Pilzen & Co.

DIE SCHNELLEN 4 FÜR RUNDUM VEGETARISCHES

BROKKOLI & BLUMENKOHL
-->

Kalorienarm, gleichzeitig reich an wertvollem Vitamin C, Magnesium, Kalium und Folsäure | besonders für Paleo-Anhänger, die wenig Fleisch und Fisch essen, eine wichtige Quelle für Kalzium und Eisen | roh ebenso fein wie gedämpft, gedünstet oder aus dem Ofen | Blumenkohl oder Brokkoli verblüfft fein gehackt als »Couscous« in **Taboulé** (Seite 100), Blumenkohl knusprig als **Falafel** (Seite 106) | ganz bodenständig kommt Brokkoli in **Brokkolisuppe mit hart gekochtem Ei** (Seite 84) daher und exotisch-würzig im **Roten Gemüsecurry** (Seite 108) | **Tipp:** 150 g Blumenkohlröschen schmecken gedämpft auch als Einlage in **Ingwer-Spinat-Suppe mit Pute** (Seite 82).

SÜSSKARTOFFELN
<--

Nicht mit Kartoffeln verwandt, aber ähnlich verwendbar | angenehmer süßlicher Geschmack | reich an Beta-Carotin und Kalium, zudem eine wahre Vitamin-E-Bombe | enthält außerdem wertvolle lösliche Ballaststoffe | trotz Stärkegehalt absolut paleo-friendly | verleiht **Rotem Gemüsecurry** (Seite 108) eine zarte süße Note | in Kombination mit Avocadodip, Paprika und Hackfleisch als **Süßkartoffel-Paprika-Pfanne** (Seite 40) echtes Tex-Mex-Soulfood | als **Süßkartoffelpüree mit Pilzen** (Seite 110) herbstlicher Stimmungsmacher für graue Tage | auch als Pommes mit **Avocado-Thunfisch-Dip** (Seite 56) oder als Teil von **Ofengemüse** (Seite 112 / 113) top | **Tipp:** Für einen Eintopf auf südamerikanische Art **Paprika-Kartoffel-Gulasch** (Seite 48) mit Süßkartoffeln statt mit Kartoffeln garen, mit Cayennepfeffer und Limettensaft würzen.

96 / SAMMLER

SESAMMUS (TAHIN) & SESAMSAMEN

Nussig, leicht herb im Geschmack | reich an Eiweiß, Eisen, Kalzium, Magnesium, Vitamin E und B-Vitaminen | wegen des relativ hohen Anteils an mehrfach ungesättigten Fettsäuren und auch Phytinsäure nur in Maßen genießen | Sesammus ist Grundbestandteil der Orient-Küche und Basis vieler Dips und Saucen | Tahin gibt **Dattel-Sesam-Dressing** (Seite 105), **Rote-Bete-Sesam-Dip** (Seite 112) und Sesamsauce zu **Blumenkohl-Falafel** (Seite 106) eine cremige Konsistenz | Sesamsamen ummanteln Hähnchenstreifen im **Avocadosalat** (Seite 78) und geben **Pfannkuchen mit Räucherfisch** (Seite 72) und **Gurken-Zwiebel-Salsa** (Seite 46) einen knackigen Biss und feines Aroma | **Tipp:** Für eine orientalische Note 1 EL Sesamsamen und 2 EL gehacktes Koriandergrün statt Basilikum und Walnüssen über das **Melonencarpaccio** (Seite 98) streuen.

PILZE

Klassischer Bestandteil der Steinzeitküche | sehr kalorienarm | enthalten hochwertiges Eiweiß, Eisen, Mineralstoffe und wichtige Vitamine, z. B. D und B2 | Champignons, Egerlinge, Shiitake- und Austernpilze sind aus der Zucht ganzjährig im Supermarkt erhältlich, die wild wachsenden Pfifferlinge nur im Sommer und Frühherbst, Mischpilze häufig im Herbst | Champignons bzw. Egerlinge sind eine prima Einlage für **Gemüsecurry** (Seite 108) und perfekter Belag für **Hackfleisch-Pizza** (Seite 42) | Mischpilze haben einen großen Auftritt im **Süßkartoffelpüree mit Pilzen** (Seite 110), Pfifferlinge im **Blattsalat mit Steakstreifen** (Seite 36) | Austernpilze glänzen in Begleitung von **Grünen Bohnen** (Seite 46) und als Bestandteil von **Medaillons auf Tomatengemüse** (Seite 92) | Shiitake fühlen sich in currywürziger **Ingwer-Spinat-Suppe** (Seite 82) heimisch.

SAMMLER / 97

MELONENCARPACCIO

Fruchtig-frischer Augenschmaus

FÜR 2 PERSONEN

- 1 kleine rote Zwiebel
- 2 EL Apfelessig
- 1 EL Walnussöl
- 1 TL Dijon-Senf
- Salz | Pfeffer
- 300 g Wassermelonenfruchtfleisch (mit wenig Kernen)
- 6 Radieschen
- 4–5 Stängel Basilikum
- 40 g Walnusskerne

ZUBEREITUNGSZEIT: 15 MIN.
PRO PERSON: CA. 250 KCAL
5 G E, 18 G F, 17 G KH

1 Die Zwiebel schälen und fein würfeln. Mit Essig, Öl und Senf verrühren, mit Salz und Pfeffer würzen und 10 Min. marinieren.

2 Inzwischen die Wassermelone in möglichst dünne Scheiben schneiden, dabei falls nötig die Kerne entfernen. Radieschen putzen, waschen und ebenfalls in dünne Scheiben schneiden. Zunächst die Melonenscheiben, darüber die Radieschenscheiben auf zwei Tellern auslegen.

3 Basilikumblätter von den Stängeln zupfen, Walnüsse in grobe Stücke brechen. Beides über das Carpaccio streuen. Die Zwiebeln samt der Marinade darüber verteilen. Sofort servieren.

TIPP:
Für das Carpaccio eignen sich auch andere Melonensorten – etwa Galia-, Cantaloupe-, Zucker- oder Honigmelone – ebenso wie Papaya. Das Obst jeweils aus der Schale lösen, entkernen, in dünne Scheiben schneiden und wie die Wassermelonenscheiben weiterverarbeiten.

GRÜNES TABOULÉ

Couscousklassiker mal ganz anders

FÜR 2 PERSONEN

- 200 g grüner Blumenkohl, Brokkoli oder Romanesco
- 2 Stängel Petersilie
- 2 Stängel Minze
- 1 Knoblauchzehe
- ½–1 EL Zitronensaft
- ½ EL Walnussöl
- ½ TL gemahlener Kreuzkümmel
- Kräutersalz | Pfeffer
- einige Tropfen Agavendicksaft
- 125 g Kirschtomaten
- ½ gelbe Paprikaschote
- ½ rote Zwiebel

ZUBEREITUNGSZEIT: 15 MIN.
PRO PERSON: CA. 100 KCAL
5 G E, 5 G F, 9 G KH

1 Blumenkohl, Brokkoli oder Romanesco waschen, putzen und in kleine Röschen teilen. Kräuter abbrausen und trocken schütteln, Blättchen von den Stängeln zupfen. Den Knoblauch schälen und grob würfeln. Alles im Blitzhacker feinbröselig zerkleinern.

2 Die Kohl-Kräuter-Brösel in einer Schüssel mit ½ EL Zitronensaft, dem Walnussöl und dem Kreuzkümmel vermischen. Taboulé mit Kräutersalz, Pfeffer, übrigem Zitronensaft und Agavendicksaft abschmecken.

3 Die Tomaten waschen und in dünne Scheiben schneiden. Paprikaschote putzen und waschen, die Zwiebel schälen, beides klein würfeln. Das Gemüse mit dem Taboulé mischen, auf Teller verteilen und servieren.

TIPP:

Das grüne Taboulé auch mal mit Fischfilet »paleolaise« (Seite 70), dem Sesamhuhn (Seite 78) oder der gefüllten Hähnchenbrust (Seite 88) servieren – passt perfekt!

ZUCCHININUDEL-SALAT

Leichte Vorspeise oder Beilage

FÜR 2 PERSONEN

1 kleiner Zucchino
125 g Kirschtomaten
4–5 Stängel Basilikum
8 grüne Oliven (ohne Stein)
2 EL Balsamico bianco
2 EL Olivenöl
1 Knoblauchzehe
1 TL Kapern
Salz | Pfeffer

ZUBEREITUNGSZEIT: 15 MIN.
PRO PERSON: CA. 150 KCAL
2 G E, 13 G F, 5 G KH

1 Zucchino waschen, putzen und mit dem Sparschäler in dünne Streifen schneiden. Dafür den Sparschäler der Länge nach immer wieder über das Fruchtfleisch ziehen. Tomaten waschen und halbieren. Basilikumblätter von den Stängeln zupfen. Oliven halbieren.

2 Essig und Olivenöl verrühren, Knoblauch schälen und dazupressen. Kapern ebenfalls durch die Knoblauchpresse dazupressen. Das Dressing mit Salz und Pfeffer abschmecken.

3 Zucchino, Tomaten, Basilikum und die Oliven mit dem Dressing vermischen. Salat kurz durchziehen lassen, dann locker auf zwei Teller häufen und servieren.

TIPP:
Auf die gleiche Art und Weise lassen sich auch Möhren, Salatgurken und Rettich zu einem »Nudelsalat« verarbeiten.

4 × SCHNELLE DRESSINGS ...

PALEO CAESAR'S

Für 4 Personen
Pro Person: ca. 105 kcal, 3 g E, 9 g F, 2 g KH

Für dieses Rezept sollten alle Zutaten Zimmertemperatur haben. Wichtig: Nur ganz frische Eier verwenden! 2 **Knoblauchzehen** schälen, grob würfeln und mit 1 **Ei** (M), 2 TL **Dijon-Senf**, 1 **Sardellenfilet** (in Öl), 2 EL **Zitronensaft**, 3 EL **Walnussöl**, 1 TL **Ahornsirup** und nach Belieben 1 TL **Hefeflocken** in einen hohen Rührbecher geben. Mit **Salz** und **Pfeffer** würzen und mit dem Stabmixer fein pürieren. Dressing mit Salz, Pfeffer und ein paar Tropfen Ahornsirup abschmecken. Haltbarkeit: 1 Tag (im Kühlschrank).

PASST GUT DAZU:
Schmeckt fein zu Blattsalaten wie Romana, Spinat oder Radicchio, gemischt mit Tomaten, Salatgurken, Zucchini oder roten Zwiebeln – ergänzt durch Avocado, Hähnchen, Garnelen oder gekochte Eier.

INGWER–ANANAS

Für 4 Personen
Pro Person: ca. 100 kcal, 0 g E, 10 g F, 2 g KH

30 g **Ananasfruchtfleisch** grob würfeln. 1 Stück **Ingwer** (ca. 20 g) und 1 **Knoblauchzehe** schälen, 1 Stück rote **Peperoni** (ca. 2 cm) entkernen und waschen. Alles ebenfalls würfeln. Vorbereitete Zutaten mit 2 EL **Zitronensaft**, 1 TL **Balsamico bianco**, 4 EL **Walnussöl** und 1 Prise gemahlener **Bourbon-Vanille** in einen hohen Rührbecher geben. Mit **Salz** und **Pfeffer** würzen und mit dem Stabmixer fein pürieren. Dressing mit Salz, Pfeffer und ein paar Tropfen **Ahornsirup** abschmecken. Haltbarkeit: 2 Tage (im Kühlschrank).

PASST GUT DAZU:
In Kombination mit fruchtigen Sommersalaten oder Rucola mit Beeren ein Traum, schmeckt aber auch zu Salaten mit Thunfisch, Garnelen oder Hähnchen. Rohkost wie Möhren, Rote Bete oder Spitzkohl passen ebenfalls perfekt!

..., die ganz einfach in der Zubereitung sind, aber extra-aromatisch daherkommen. So avanciert jeder Salat zum absoluten Liebling!

BALSAMICO-KAKAO

Für 4 Personen
Pro Person: ca. 155 kcal, 1 g E, 16 g F, 2 g KH

4 EL **Aceto balsamico** mit 1 TL **Dijon-Senf**, 1 TL **Ahornsirup** und 4 TL **Kakaopulver** kräftig verrühren. 6 EL **Olivenöl** unterschlagen. Das Dressing 5 Min. ziehen lassen, dann noch einmal verrühren und mit **Salz**, **Pfeffer** und **Cayennepfeffer** abschmecken. Haltbarkeit: 2 Tage (im Kühlschrank).

PASST GUT DAZU:
Schmeckt wunderbar zu Feldsalat und Rucola – ergänzt mit Beeren, Äpfeln, Birnen, Feigen oder Pfirsichen sowie mit Nüssen und Lamm- oder Steakstreifen.

DATTEL-SESAM

Für 4 Personen
Pro Person: ca. 75 kcal, 1 g E, 6 g F, 3 g KH

1 **Knoblauchzehe** schälen, mit 2 **Datteln** (ohne Stein) grob würfeln. Mit 1 EL **Tahin** (Sesammus), 2 EL **Zitronensaft**, 1 EL **Balsamico bianco**, 3 EL **Wasser**, ½ TL gemahlenem **Kreuzkümmel**, 1 Msp. **Cayennepfeffer** und 2 EL **Sesamöl** in einen hohen Rührbecher geben. Mit **Salz** und **Pfeffer** würzen und mit dem Stabmixer fein pürieren. Dressing mit etwas Zitronensaft, Salz, Pfeffer und Cayennepfeffer abschmecken. Mit Wasser bis zur gewünschten Konsistenz verdünnen. Haltbarkeit: 2 Tage (im Kühlschrank).

PASST GUT DAZU:
Sehr fein zu Blattspinat, Rucola oder Spitzkohl mit Lammfleisch oder Hähnchenstreifen und Granatapfel oder Rosinen, passt aber auch zu Möhren- und Kohlrabirohkost mit Apfel und Mandarine.

SAMMLER /

BLUMENKOHL–FALAFEL

Orientalischer Klassiker ganz neu

FÜR 2 PERSONEN

125 g Blumenkohl
1 Knoblauchzehe
1 EL geschrotete Leinsamen
30 g gemahlene Haselnüsse
2 TL Chia-Samen
2 EL italienische TK-Kräuter
1 EL Hefeflocken
1 TL gemahlener Kreuzkümmel
1 Msp. Cayennepfeffer
Kräutersalz
1 Ei (M)
300 – 400 g Butterschmalz
zum Ausbacken

ZUBEREITUNGSZEIT: 25 MIN.
+ 10 MIN. RUHEN
PRO PERSON: CA. 340 KCAL
10 G E, 30 G F, 5 G KH

1 Blumenkohl waschen und putzen, Knoblauch schälen. Beides mit Leinsamen, Haselnüssen, Chia-Samen, Kräutern, Hefeflocken und den Gewürzen im Blitzhacker sehr fein zerkleinern. Mit Kräutersalz würzen, das Ei untermixen und die Masse 10 Min. ruhen lassen.

2 In einem kleinen Topf ca. 2 cm hoch Butterschmalz erhitzen. Die Temperatur ist richtig, wenn an einem Holzstäbchen, das man ins Fett taucht, sofort kleine Bläschen aufsteigen.

3 Aus der Blumenkohlmasse 8 mandelförmige Bratlinge formen und im Schmalz bei mittlerer Hitze rundherum in ca. 6 Min. goldbraun ausbacken. Die Falafel mit einem Schaumlöffel aus dem Schmalz heben, kurz auf Küchenpapier abtropfen lassen und dann sofort servieren.

TIPP:

Perfekt dazu – ein bunt gemischter Blattsalat. Den Salat einfach auf Teller verteilen und die Falafel darauf anrichten. Außerdem als Sauce einen der Dips von Seite 112 und 113 mit auf den Tisch stellen. Oder auch ganz klassisch eine Sesamsauce: 2 EL Sesammus (Tahin) mit 2 EL Wasser und 1 EL Zitronensaft verrühren. 1 Knoblauchzehe schälen und dazupressen. Die Sauce mit Salz, Pfeffer, gemahlenem Kreuzkümmel, Cayennepfeffer und ein paar Tropfen Honig abschmecken.

ROTES GEMÜSECURRY

Gemüseparty mit Gewürzkick

FÜR 2 PERSONEN

- 200 g **Champignons** (ersatzweise Egerlinge)
- 200 g **Süßkartoffeln**
- 400–500 g **bunt gemischtes Gemüse** (z. B. Brokkoli, Lauch, Paprika, Zucchini)
- 400 ml **Kokosmilch**
- 4 TL **rote Currypaste**
- 2 TL **Ahornsirup**
- 3 EL **Limettensaft**
- 100 g **Apfelmark** (mit Mango)
- **Salz**
- 6–8 Stängel **Koriandergrün**

ZUBEREITUNGSZEIT: 15 MIN.
PRO PERSON: CA. 565 KCAL
12 G E, 36 G F, 45 G KH

1 Champignons putzen und in dünne Scheiben schneiden. Süßkartoffeln schälen, längs vierteln und ebenfalls in dünne Scheiben schneiden. Gemischtes Gemüse waschen und putzen oder schälen und in mundgerechte Stücke schneiden.

2 Die Kokosmilch mit Currypaste, Ahornsirup, 2 EL Limettensaft und Apfelmark in einem Topf aufkochen und mit Salz würzen. Das Gemüse dazugeben und bei mittlerer Hitze zunächst zugedeckt 4 Min. kochen lassen. Dann das Curry offen weitere 4–5 Min. kochen, bis das Gemüse gar, aber noch bissfest ist.

3 Koriander abbrausen und trocken schütteln, die Blättchen von den Stängeln zupfen und fein hacken. Die Hälfte des Korianders unter das Gemüsecurry rühren, mit Salz und übrigem Limettensaft abschmecken.

4 Das Curry auf weite Suppenschalen oder tiefe Teller verteilen, mit dem restlichen Koriander bestreuen und servieren.

TIPP:

Geflügelfans ergänzen das Curry noch mit 150 g Hähnchenfiletstreifen. Dafür zunächst das Gemüse 4 Min. garen, dann das Filet dazugeben und 4–5 Min. offen mitgaren. Wie beschrieben fertigstellen.

SÜSSKARTOFFELPÜREE MIT PILZEN

Herbstlicher Veggie-Hit

FÜR 2 PERSONEN

- 400 g Süßkartoffeln
- 1 Stange Lauch (ersatzweise 250 g TK-Lauch)
- 200 g Mischpilze (ersatzweise Champignons oder Egerlinge)
- 100 g Spitzkohl
- 100 g Radicchio
- 1 TL Ghee (ersatzweise Kokosöl)
- 1 Pck. TK-Zwiebel-Duo
- 3 EL Apfelsaft
- 2 EL Aceto balsamico
- Kräutersalz | Pfeffer
- 1 EL Walnussöl
- 1 EL Limettensaft

ZUBEREITUNGSZEIT: 20 MIN.
PRO PERSON: CA. 335 KCAL
10 G E, 10 G F, 51 G KH

1 Süßkartoffeln schälen und klein schneiden. Den Lauch putzen, in dünne Ringe schneiden, waschen und abtropfen lassen. Beides in einem Topf mit Dämpfeinsatz über kochendem Wasser 10 Min. dämpfen.

2 Inzwischen die Pilze putzen und in dicke Scheiben schneiden. Spitzkohl putzen, waschen und in breite Streifen schneiden. Radicchio zerpflücken, waschen, trocken schleudern und ebenfalls in breite Streifen schneiden.

3 Ghee in einer Pfanne erhitzen. Zwiebeln, Pilze und Kohl darin anbraten. Mit dem Apfelsaft und 1 EL Essig ablöschen und kurz einkochen lassen. Mit Kräutersalz und Pfeffer würzen, Radicchio untermischen, restlichen Essig dazugeben.

4 Süßkartoffeln und Lauch mit Walnussöl und Limettensaft in einer Schüssel fein zerstampfen. Püree mit Kräutersalz und Pfeffer abschmecken und mit dem Pilzgemüse auf Tellern anrichten.

TIPP:
Statt Süßkartoffeln nach Belieben auch mal eine Mischung aus Kartoffeln und Hokkaidokürbis verwenden.

4 × FIXE DIPS ZU OFENGEMÜSE ...

AVOCADO-MEERRETTICH

Für 2 Personen
Pro Person: ca. 250 kcal, 4 g E, 25 g F, 3 g KH

1 **Avocado** (Hass) halbieren und entkernen. Die Hälften schälen, grob zerkleinern und mit je 1 EL **Balsamico bianco** und **Zitronensaft** in eine Schüssel geben. Avocado mit einer Gabel fein zerdrücken. 1 **Knoblauchzehe** schälen und dazupressen, 1 TL frisch geriebenen **Meerrettich** unterrühren. Den Dip mit **Salz, Pfeffer** und nach Belieben noch etwas **Meerrettich** abschmecken. 1 Kästchen **Gartenkresse** vom Beet schneiden. Die Hälfte der Kresse unter den Dip rühren, den Rest darüberstreuen.

PASST GUT DAZU:
Kartoffeln, Möhren, Rote Bete, Zucchini, Kohlrabi, Paprika, rote Zwiebeln und Lauch.

ROTE-BETE-SESAM

Für 2 Personen
Pro Person: ca. 405 kcal, 9 g E, 31 g F, 17 g KH

40 g getrocknete **Tomaten** in dünne Streifen schneiden und 10 Min. in heißem Wasser einweichen. 250 g gegarte **Rote Beten** (vakuumverpackt) klein würfeln. 2 **Knoblauchzehen** schälen und ebenfalls würfeln. Die Tomaten abtropfen lassen und etwas ausdrücken. Alles mit 75 g **Tahin** (Sesammus), 3 EL **Zitronensaft**, 1 TL gemahlenem **Kreuzkümmel** und **Salz** in den Blitzhacker geben und fein pürieren. Dip mit Salz, **Pfeffer** und **Cayennepfeffer** würzen. Mit 1 EL **Olivenöl** beträufeln, mit je 1 EL gehackten **Kräutern** (z. B. Petersilie, Dill, Basilikum) und gerösteten **Sesamsamen** bestreuen.

PASST GUT DAZU:
Süßkartoffeln, Möhren, Paprika, Aubergine, Zucchini, Zwiebeln und Lauch.

... vom Feinsten. Ausgewählten Gemüse-Mix (400–500 g pro Person) waschen, putzen, schälen und in Scheiben oder Spalten schneiden. Mit 3 EL Olivenöl vermengen und würzen (z. B. mit Rosmarin, Knoblauch, Salz, Pfeffer, Balsamico bianco, Honig). Auf einem mit Backpapier ausgelegten Blech im 200° heißen Backofen (Mitte) 30–40 Min. backen.

KORIANDER-MAYO

Für 2 Personen
Pro Person: ca. 285 kcal, 0 g E, 31 g F, 2 g KH

Alle Zutaten sollten Zimmertemperatur haben. 1 **Knoblauchzehe** schälen, grob würfeln. Mit 2 EL ungesüßtem **Mandeldrink,** je 1 TL **Dijon-Senf, Limettensaft** und **Balsamico bianco,** 1 Msp. gemahlenem **Kreuzkümmel,** 1 Prise **Salz** und **Cayennepfeffer** in einen hohen Rührbecher geben. Stabmixer hineinstellen und 60 ml **Walnussöl** daraufgießen. Nun mit dem Stabmixer erst auf dem Becherboden mixen, dann den Mixer langsam nach oben ziehen, sodass dabei eine feste Emulsion entsteht. Mayo mit Salz, **Pfeffer,** Limettensaft und etwas **Ahornsirup** abschmecken. 2 EL fein gehacktes **Koriandergrün** unterrühren. Mayo 15 Min. kalt stellen.

PASST GUT DAZU:
Hokkaidokürbis, Süßkartoffeln, Möhren, Rote Bete, Paprika, Zucchini, Zwiebeln, Kartoffeln.

TOMATEN-FEIGEN-PESTO

Für 2 Personen
Pro Person: ca. 345 kcal, 3 g E, 28 g F, 18 g KH

Je 50 g getrocknete **Tomaten** und getrocknete **Feigen** klein würfeln, Feigen dabei entstielen. In einer Schüssel mit heißem Wasser übergießen und ca. 30 Min. einweichen, dann in ein Sieb abgießen und etwas ausdrücken. 2 EL **Pinienkerne** in einer Pfanne ohne Fett hellbraun anrösten, herausnehmen. Von 4–5 Stängeln **Basilikum** die Blätter abzupfen. 1 **Knoblauchzehe** schälen und grob würfeln. Alles mit 1 **TL Kapern,** 1 EL **Balsamico bianco** und 4 EL **Walnussöl** in den Blitzhacker geben. Mit **Salz** und **Pfeffer** würzen und fein pürieren.

PASST GUT DAZU:
Möhren, Paprika, Aubergine, Zucchini, Zwiebeln.

SAMMLER / 113

GEFÜLLTE AUBERGINE MIT MÖHREN

Fein gefüllt ist schon gewonnen

FÜR 2 PERSONEN

4 EL Olivenöl
1 Knoblauchzehe
Salz
2 Auberginen (je ca. 250 g)
1 rote Zwiebel
500 g Möhren
50 g Sultaninen
2 TL Harissapaste
1 TL gemahlener Kreuzkümmel
80 ml Apfelsaft
2 EL Balsamico bianco
50 g Walnusskerne
1 Stängel Minze
Pfeffer

ZUBEREITUNGSZEIT: 25 MIN.
+ 30 MIN. BACKEN
PRO PERSON: CA. 535 KCAL
9 G E, 37 G F, 41 G KH

1 Den Backofen auf 200° vorheizen, das Backblech mit Backpapier auslegen. 2 EL Olivenöl mit 2 EL Wasser verrühren, Knoblauch schälen und dazupressen. Das Knoblauchöl mit Salz würzen.

2 Die Auberginen waschen, putzen und längs halbieren. Das Fruchtfleisch mit einem Messer mehrfach tief ein-, aber nicht durchschneiden, dann mit Knoblauchöl einpinseln. Auberginen mit den Schnittflächen nach oben auf das Blech legen und im Ofen (Mitte) 30 Min. backen, dabei ab und zu mit Knoblauchöl bepinseln.

3 Zwiebel schälen und fein würfeln. Möhren schälen und in dünne Scheiben schneiden. Restliches Öl in einer Pfanne erhitzen. Möhren und Zwiebel darin anbraten. Sultaninen, Harissa und Kreuzkümmel dazugeben, kurz mitbraten. Mit Apfelsaft und 1 EL Essig ablöschen, 100 ml Wasser dazugießen, leicht salzen und zugedeckt bei mittlerer Hitze ca. 6 Min. kochen lassen.

4 Die Walnusskerne in grobe Stücke brechen. Minze abbrausen und trocken schütteln, Blättchen vom Stängel zupfen und grob hacken. Restliches Knoblauchöl unter das Möhrengemüse rühren, mit Salz, Pfeffer und übrigem Essig abschmecken. Walnüsse untermischen.

5 Auberginen aus dem Ofen nehmen und auf zwei Teller verteilen. Das Fruchtfleisch mit zwei Löffeln auseinanderdrücken, das Möhrengemüse darauf anrichten. Mit Minze bestreuen.

114 / SAMMLER

Ein Korb voller Früchte, Nüsse & Co. ...

PALEO-DESSERTS

... natursüßes Sammlerglück zum Genießen

DIE SCHNELLEN 4 FÜRS SÜSSE DESSERTGLÜCK

BEEREN

-->

Fruktose ist bei Paleo-Ernährung ein Reizthema | Himbeeren, Brombeeren, Heidelbeeren und Erdbeeren enthalten im Vergleich zu anderen Obstsorten erstaunlich wenig davon und sind daher das Paleo-Superobst | zusätzlich reich an Vitaminen und Antioxidantien | Himbeeren toppen **Schokoküchlein** (Seite 128), TK-Beeren werden ratz, fatz zu morgendlichem **Himbeer-Dattel-Nuss-Smoothie** (Seite 18) | Heidelbeeren krönen den **Chia-Berry-Fool** (Seite 120) und **Gebratene Apfelringe** (Seite 126) | Blitz-**Erdbeereis**-Überraschung auf Seite 125 | jegliche frische Beeren sind eine wunderbare Ergänzung für **Geröstetes Früchtemüsli** (Seite 20) und **Paleo-Porridge** (Seite 22) sowie Blattsalate, die mit **Ingwer-Ananas-Dressing** (Seite 104) und **Balsamico-Kakao-Dressing** (Seite 105) angemacht sind.

GEMAHLENE BOURBON-VANILLE

<---

Zuckerfreier Aromaspender für Desserts und Frühstücksgerichte | megapraktisch, weil kein umständliches Auskratzen der Vanilleschoten nötig ist | unvergleichliches Aroma, das alle Süßspeisen auf ein anderes Niveau hebt | im Supermarkt und in Bio-Qualität im Drogeriemarkt erhältlich | schenkt **Kokoscreme mit Maracuja** (Seite 122), **Bananen-Cashew-Eis** (Seite 124), **Schokoküchlein mit Himbeeren** (Seite 128) und **Dattel-Walnuss-Pralinen** (Seite 130) eine einmalige Note | aromatisiert zum Frühstück **Himbeer-Dattel-Nuss-Smoothie** (Seite 18) | macht **Ingwer-Ananas-Dressing** (Seite 104) zu etwas Besonderem | **Tipp:** Auch das **Balsamico-Kakao-Dressing** (Seite 105) verträgt etwas Vanille!

KAKAOPULVER

Herkömmliche Schokolade ist aufgrund des enthaltenen Industriezuckers und anderer Zusatzstoffe wie Milcheiweiß in der Paleo-Ernährung tabu | Kakaopulver ist somit der Lebensretter, wenn es um schokoladigen Geschmack geht | die fein gemahlenen Bohnen sind reich an Antioxidantien, essentiellen Aminosäuren und gesunden Fetten | Kakao wirkt leicht anregend, daher nicht zu viel am Abend naschen | cremig, süß und würzig als **Schoko-Chai-Mandel-Eis** (Seite 125) | zum Verlieben als **Schokoküchlein** (Seite 128) | süße Sünde als **Dattel-Walnuss-Pralinen** (Seite 130) | perfekter Start in den Morgen mit **Schoko-Banane-Cashew-Aufstrich** (Seite 29) | geniale Kombi als **Balsamico-Kakao-Dressing** (Seite 105) für Blattsalate mit fruchtigem Extra.

BANANE & BANANENCHIPS

Enthalten relativ viel Fruchtzucker, also nur in Maßen genießen | sind gleichzeitig reich an wertvollen Mineralstoffen und Vitaminen und liefern jede Menge Energie | daher besonders morgens essen oder wenn einmal der Süßhunger zuschlägt | nur ungesüßte Bananenchips verwenden | als **Bananen-Cashew-Eis** (Seite 124) ein cremiger Traum | macht bei **Schokoküchlein mit Himbeeren** (Seite 128) den Teig süß und saftig | weckt am Morgen als **Avocado-Banane-Minze-Smoothie** (Seite 18) die Lebensgeister | Bananenchips geben **Frühstücksriegeln** (Seite 16) und **Geröstetem Früchtemüsli** (Seite 20) Süße, Biss und richtig Power | **Tipp:** Sportler dürfen hier gerne etwas häufiger zugreifen, wer aber mit Paleo ein paar Pfunde verlieren will, sollte bei Bananen zurückhaltender sein!

PALEO–DESSERTS / 119

CHIA-BERRY-FOOL

Supersexy Superfood

FÜR 2 PERSONEN

3 EL Chia-Samen
200 ml ungesüßter Mandeldrink
1 TL Ahornsirup
1 TL Limettensaft
100 g Heidelbeeren
4 Minzeblättchen
180 g Apfelmark (mit Johannisbeere, Mango, Sanddorn oder Aprikose)

ZUBEREITUNGSZEIT: 10 MIN.
+ 6 STD. QUELLEN
PRO PERSON: CA. 180 KCAL
4 G E, 7 G F, 21 G KH

1 Die Chia-Samen mit dem Mandeldrink, dem Ahornsirup und dem Limettensaft verrühren. Die Mischung mind. 6 Std. zugedeckt kalt stellen und quellen lassen, dabei ab und zu umrühren.

2 Die Heidelbeeren waschen. Die Minze abbrausen, trocken tupfen und in feine Streifen schneiden oder klein zupfen.

3 Gequollene Chia-Masse in zwei Gläser füllen und mit dem Apfelmark bedecken. Heidelbeeren darauf anrichten und mit der Minze bestreuen.

TIPP:

Für einen Exotic-Fool statt dem Mandeldrink 100 ml Kokosmilch und 100 ml Wasser mixen und verwenden. 200 g Mangofruchtfleisch würfeln, fein pürieren und statt dem Apfelmark auf die Chia-Creme geben. Die Heidelbeeren darauf anrichten und zuletzt noch 1–2 EL Kokoschips darüberstreuen.

Kokoscreme mit Maracuja

Karibikfeeling für Süßmäuler

FÜR 2 PERSONEN

- **200 ml Kokosmilch**
- **2 TL Ahornsirup**
- **1 TL Limettensaft**
- **½ TL gemahlene Bourbon-Vanille**
- **3 Eigelb** (M)
- **2 Maracujas** (auch fein: Passionsfrüchte)
- **2 EL Orangensaft**

ZUBEREITUNGSZEIT: 20 MIN.
+ 40 MIN. STOCKEN
+ 1 STD. ABKÜHLEN
PRO PERSON: CA. 255 KCAL
5 G E, 19 G F, 13 G KH

1 Den Backofen auf 150° vorheizen. Kokosmilch in einem Topf mit Ahornsirup, Limettensaft und Bourbon-Vanille erwärmen. Vom Herd nehmen und die Eigelbe unterrühren. Die Masse in zwei ofenfeste Portionsförmchen (je 150 ml) füllen.

2 Die Portionsförmchen in eine Auflaufform stellen und so viel heißes Wasser in die Auflaufform gießen, dass die Förmchen zu drei Vierteln darin stehen. Den Backofen auf 120° herunterschalten. Die Auflaufform in den Ofen (Mitte) schieben und die Kokoscreme in ca. 40 Min. sanft stocken lassen.

3 Die Auflaufform aus dem Ofen nehmen, die kleinen Förmchen aus dem Wasserbad heben und die Creme abkühlen lassen. (Danach nach Belieben noch zugedeckt kalt stellen.)

4 Die Maracujas halbieren, die Kerne mit einem Löffel aus den Hälften schaben und mit dem Orangensaft verrühren. Die Fruchtmischung auf der Kokoscreme verteilen. Servieren.

TIPP:
Falls Sie keine Maracujas (Passionsfrüchte) bekommen, die Creme einfach mit jeweils 2–3 EL gelbem Frucht-Smoothie beträufeln.

122 / PALEO-DESSERTS

4 × SCHNELLES PALEO-EIS ...

BANANE-CASHEW

Für 2 Personen
Pro Person: ca. 410 kcal, 12 g E, 23 g F, 38 g KH

2 **Bananen** schälen und in dünne Scheiben schneiden (ca. 200 g Fruchtfleisch). Bananenscheiben nebeneinander auf einen Bogen Frischhaltefolie legen. Mit einem zweiten Folienbogen abdecken, einrollen und mind. 2 Std. ins Tiefkühlfach legen. 100 g **Cashewmus**, 2 TL **Ahornsirup** und 2 **Eigelbe** (M) mit etwas gemahlener **Bourbon-Vanille** und 1 kleinen Prise **Salz** in den Blitzhacker geben. Gefrorene Bananen ebenfalls in den Blitzhacker geben. Alles zu einem cremigen Eis pürieren. Sofort servieren oder vorher noch 10 Min. tiefkühlen.

MANGO-AVOCADO

Für 2 Personen
Pro Person: ca. 170 kcal, 1 g E, 12 g F, 12 g KH

150 g **Mangofruchtfleisch** und 100 g **Avocadofruchtfleisch** in kleine Stücke schneiden. Nebeneinander auf einen Bogen Frischhaltefolie legen. Mit einem zweiten Folienbogen abdecken, einrollen und mind. 2 Std. ins Tiefkühlfach legen. 2 Stängel **Zitronenmelisse** abbrausen, trocken schütteln und die Blättchen abzupfen. Melisseblättchen, 2 EL **Limettensaft** und 2 TL **Ahornsirup** in den Blitzhacker geben. Gefrorene Mango und Avocado dazugeben und alles zu einem cremigen Eis pürieren. Sofort servieren oder vorher noch 10 Min. tiefkühlen.

124 / PALEO-DESSERTS

..., bei dem eine Eismaschine völlig überflüssig ist und trotzdem ein wunderbar cremiges Eis entsteht, das den Vergleich zur italienischen »Gelateria« nicht scheuen muss und dabei absolut paleo-freundlich ist.

SCHOKO-CHAI-MANDEL

Für 2 Personen
Pro Person: ca. 350 kcal, 8 g E, 18 g F, 37 g KH

100 g getrocknete **Feigen** entstielen, fein würfeln. Mit 50 g **Mandelmus,** 100 ml ungesüßtem **Mandeldrink,** 1 EL **Kakaopulver,** 1 **Eigelb** (M), 2 TL **Zitronensaft** und 1 TL **Ahornsirup** in den Blitzhacker geben. 2 Beutel **Schoko-Chai-Tee** darüberstreuen. Alles cremig pürieren und die Masse in eine gefriertaugliche Plastikbox füllen. Vor dem Servieren mind. 2 Std. ins Tiefkühlfach stellen und gefrieren lassen.

ERDBEER-KOKOS

Für 2 Personen
Pro Person: ca. 110 kcal, 2 g E, 3 g F, 17 g KH

300 g **Erdbeeren** waschen, entstielen und in dünne Scheiben schneiden. Erdbeerscheiben nebeneinander auf einen Bogen Frischhaltefolie legen. Mit einem zweiten Folienbogen abdecken, einrollen und mind. 2 Std. ins Tiefkühlfach legen. Dann gefrorene Erdbeeren mit 200 ml **Coco-Drink** (natur), 1 EL **Cashew-** oder **Mandelmus,** 2 TL **Ahornsirup,** 1 TL **Limettensaft** und ½ TL gemahlener **Bourbon-Vanille** in einen hohen Rührbecher geben. Mit dem Stabmixer fein pürieren und sofort servieren.

PALEO-DESSERTS / 125

GEBRATENE APFELRINGE
Herbstlicher Dessertschatz

FÜR 2 PERSONEN

1 großer Apfel (z. B. Pinova)
50 g Heidelbeeren
30 g Walnusskerne
1 TL Ghee (ersatzweise Kokosöl)
2 TL Ahornsirup
1 TL Zitronensaft
1 Prise Zimtpulver
1 kleine Prise Salz

ZUBEREITUNGSZEIT: 20 MIN.
PRO STÜCK: 185 KCAL
3 G E, 12 G F, 14 G KH

1 Den Apfel waschen und mit einem Kerngehäuseausstecher das Kerngehäuse entfernen. Den Apfel quer in 6 Scheiben schneiden. Die Heidelbeeren waschen, Walnusskerne in grobe Stücke brechen.

2 Das Ghee in einer großen Pfanne erhitzen. Darin die Apfelringe bei nicht zu starker Hitze in 6–8 Min. goldbraun braten, dabei einmal wenden. Den Ahornsirup, den Zitronensaft, Zimt und Salz dazugeben. Die Apfelscheiben darin kurz schwenken.

3 Die Apfelringe auf zwei Teller verteilen. Die Heidelbeeren und Walnusskerne in die Pfanne geben und rühren, bis die Beeren lauwarm sind. Die Mischung auf den Äpfeln verteilen.

TIPP:
Nach Belieben noch jeweils 1 Kugel Banane-Cashew-Eis (Seite 124) neben die gebratenen Apfelringe auf den Teller setzen. Oder vielleicht Lust auf ein fruchtiges Hauptgericht? Dafür den Pfannkuchenteig von Seite 72 mit 1 TL Ahornsirup süßen und nach Belieben noch ½ TL gemahlene Bourbon-Vanille unterrühren. Pfannkuchen backen und auf Teller gleiten lassen, mit gebratenen Apfelringen, Heidelbeeren und Walnüssen belegen.

SCHOKOKÜCHLEIN MIT HIMBEEREN
Tellerglück im Mini-Format

FÜR 2 PERSONEN

- 1 EL Ghee + etwas mehr für die Förmchen
- 30 g gemahlene Mandeln + etwas mehr für die Förmchen
- 40 g getrocknete Aprikosen
- 1 Banane
- 1 EL Mandelmus
- 2 EL Kakaopulver
- 1 Pck. gemahlene Bourbon-Vanille
- 2 TL Ahornsirup
- 1 kleine Prise Salz
- 1 TL Weinstein-Backpulver
- 1 Ei (M)
- 60 g Himbeeren

ZUBEREITUNGSZEIT: 15 MIN.
+ 20 MIN. BACKEN
+ 15 MIN. ABKÜHLEN
PRO PERSON: CA. 405 KCAL
12 G E, 26 G F, 29 G KH

1 Den Backofen auf 160° vorheizen. Zwei ofenfeste Portionsförmchen (je ca. 8 cm ⌀) einfetten und mit gemahlenen Mandeln ausstreuen.

2 Die Aprikosen fein würfeln. Banane schälen und in dünne Scheiben schneiden. Beides mit Mandelmus, Ghee, Kakaopulver, der Bourbon-Vanille, Ahornsirup und Salz in den Blitzhacker geben und zu einer feinen Creme pürieren.

3 Von der Creme 2 EL abnehmen und zugedeckt beiseitestellen. Mandeln und Backpulver mischen und mit dem Ei unter die restliche Creme rühren. Den Teig auf die beiden Portionsförmchen verteilen und glatt streichen. Im Ofen (Mitte) ca. 20 Min. backen.

4 Die Schokoküchlein aus dem Ofen nehmen und kurz ruhen lassen, dann aus der Form lösen und auf dem Kuchengitter in ca. 15 Min. lauwarm abkühlen lassen.

5 Die Oberfläche der Küchlein mit der übrigen Creme bestreichen. Himbeeren nur falls nötig abbrausen und trocken tupfen. Die Beeren dekorativ auf die Küchlein setzen, servieren.

TIPP:
Schmeckt auch mit Heidelbeeren, Erdbeeren oder Brombeeren ganz hervorragend.

DATTEL-WALNUSS-PRALINEN

Kugelrunde Gaumenschmeichler

FÜR 8 STÜCK

30 g Mandeln
50 g Datteln (ohne Stein)
30 g Walnusskerne
1 Pck. gemahlene Bourbon-Vanille
1 TL Ahornsirup
1 kleine Prise Salz
2 EL Kakaopulver

ZUBEREITUNGSZEIT: 20 MIN.
PRO STÜCK: 75 KCAL
2 G E, 5 G F, 5 G KH

1 Von den Mandeln 8 Stück beiseitelegen, die restlichen Mandeln grob hacken und in einer Pfanne ohne Fett hellbraun anrösten. Herausnehmen und abkühlen lassen.

2 Die Datteln grob hacken und mit den Walnusskernen, den gehackten Mandeln, Bourbon-Vanille, dem Ahornsirup und dem Salz im Blitzhacker fein pürieren.

3 Die Dattel-Walnuss-Masse in 8 gleich große Portionen teilen und zu Kugeln rollen. Dabei 1 Mandel in der Mitte jeder Kugel platzieren.

4 Den Kakao auf eine Untertasse oder in eine kleine Schüssel häufen und die Kugeln darin wälzen. Die Pralinen sofort servieren oder bis dahin zugedeckt kühl stellen.

TIPP:
Für mehr optische Abwechslung die Hälfte der Pralinen statt in Kakao in gehackten Pistazien oder Kokosraspeln wenden.

130 / PALEO-DESSERTS

FAULE MENÜS

LANGES SONNTAGSFRÜHSTÜCK

FÜR 4 PERSONEN
IN 50 MIN. GEMACHT

Das gibt es

> **Herzhafter Frühstückskuchen**
> Seite 26

> **Schoko-Banane-Cashew-Aufstrich**
> Seite 29

> **Frittata mit grünen Bohnen**
> Seite 86

> **Avocado-Lachs-Caprese**
> Seite 24

So gehen Sie vor

1 Am Vorabend den Kuchen zubereiten.

2 Schoko-Banane-Cashew-Aufstrich zubereiten.

3 Die Zutaten für Frittata mit grünen Bohnen vorbereiten und verrühren.

4 Avocado-Lachs-Caprese zubereiten.

5 Frittata braten.

6 Vom Kuchen 8 Scheiben abschneiden, die Frittata vierteln. Alles anrichten und servieren.

MIT AUF DEN TISCH KÖNNEN:
Ein paar Apfelspalten zum Dippen in den Schoko-Banane-Cashew-Aufstrich.

SERVIER-TIPP:
Den Aufstrich in einem Keramikschälchen anrichten, die Kuchenscheiben auf einem Holzbrett oder in einem Brotkorb. Caprese und Frittata auf große Steintgutteller geben. Dazu Basilikum im Topf und einen kleinen Obstkorb mit auf den Tisch stellen.

132 / MENÜ

SOMMERLICHES GRILLBÜFETT

FÜR 4 PERSONEN
IN 45 MIN. GEHT'S LOS

Das gibt es

> **Grünes Taboulé**
> Seite 100 (doppeltes Rezept)

> **Koriander-Mayo**
> Seite 113

> **Avocado-Meerrettich-Dip**
> Seite 112

> **Zucchininudel-Salat**
> Seite 102 (doppeltes Rezept)

So gehen Sie vor

1 Taboulé zubereiten.

2 Koriander-Mayo zubereiten.

3 Grill anheizen (nach Belieben Holzkohle-, Gas- oder Elektrogrill).

4 Avocado-Meerrettich-Dip zubereiten.

5 Zucchininudel-Salat zubereiten.

6 Das Fleisch und Gemüse (siehe unten) auf den Grill werfen. Mit Taboulé, Mayo, Dip und Salat anrichten.

MIT AUF DEN TISCH KÖNNEN:
Grillfleisch nach Wahl, z. B. Minutensteaks vom Schwein, Rindersteaks, Lammkoteletts. Dazu breite Paprikastreifen und Austernpilze zum Grillen.

DEKO-TIPP:
Rustikaler Holztisch, diverse Bügelflaschen mit Sommerblumen, schwimmende Kerzen in Windlichtgläsern – gefüllt mit Zweigen, Moos oder anderen Naturmaterialien und Wasser.

MENÜ / 133

FAULE MENÜS

SCHNELLES FEIERABEND-MENÜ

FÜR 4 PERSONEN
IN 40 MIN. STARTBEREIT

Das gibt es

› **Rote-Bete-Mango-Suppe**
Seite 64

› **Paleo-Burger**
Seite 40 (doppeltes Rezept)

› **Gebratene Apfelringe**
Seite 126 (doppeltes Rezept)

So gehen Sie vor

1 Suppenzutaten vorbereiten (auch Garnelen). Suppe zubereiten und 10 Min. köcheln lassen.

2 Inzwischen Burgerzutaten vorbereiten und Patties formen.

3 Suppe fertigstellen und warm halten. Zutaten für die Apfelringe vorbereiten.

4 Suppe servieren.

5 Burger fertigstellen und servieren.

6 Apfelringe zubereiten und servieren.

MIT AUF DEN TISCH KÖNNEN:
Zu den Paleo-Burgern 100 g Blattsalat-Mix mit Dattel-Sesam-Dressing (Seite 105).

SERVIER-TIPP:
Die Suppe in Keramiksuppenschälchen servieren, Burger und Apfelringe auf Schieferplatten anrichten.

CANDLE-LIGHT-DINNER FÜR VERLIEBTE

FÜR 2 PERSONEN
IN 1 STD. AUF DEM TISCH

Das gibt es

› **Melonencarpaccio**
  Seite 98

› **Zanderröllchen**
  Seite 71

› **Süßkartoffelpüree**
  Seite 110 (ohne die Pilze)

› **Kokoscreme mit Maracuja**
  Seite 122

So gehen Sie vor

1 Zanderfilets am Vorabend zugedeckt in den Kühlschrank legen und langsam auftauen lassen.

2 Kokoscreme zubereiten und im Ofen garen.

3 Würzghee und Zanderröllchen vorbereiten.

4 Für das Carpaccio die Zwiebeln marinieren. Püreezutaten zum Dämpfen vorbereiten.

5 Kokoscreme aus dem Ofen nehmen. Die Backofentemperatur auf 200° erhöhen.

6 Melonencarpaccio fertigstellen, servieren.

7 Den Fisch im Ofen garen, währenddessen Süßkartoffelpüree fertigstellen, beides servieren.

8 Kokoscreme fertigstellen und servieren.

MIT AUF DEN TISCH KÖNNEN:

Zu Zander und Püree noch 80 g Rucola und 50 g Himbeeren mit (½ Rezept Balsamico-Kakao-Dressing (Seite 105).

DEKO-TIPP:

Windlichter mit Baumrinde ummanteln und mit Zierdraht oder Filzbändern befestigen. Weitere Stücke Rinde mit Moos belegen und mit Gänseblümchenblüten verzieren.

MENÜ / 135

DAS SCHMECKT SUPER UND TUT SOOO GUT:

NOCH EINE PORTION PALEO-GENUSS BITTE!

REGISTER VON A–Z

A
Aceto balsamico 77
Ananas
Ananas-Tomaten-Salat mit Garnelen 61
Ei-Ananas-Senf-Aufstrich 28
Feldsalat-Ananas-Basilikum-Smoothie 19
Ingwer-Ananas-Dressing 104
Äpfel
Apfel-Sellerie-Salat mit Huhn 80
Gebratene Apfelringe 126
Aubergine
Aubergine-Möhre-Curry-Aufstrich 28
Gefüllte Aubergine mit Möhren 114
Warmer Ratatouille-Salat 47
Aufstriche
Aubergine-Möhre-Curry-Aufstrich 28
Ei-Ananas-Senf-Aufstrich 28
Kürbis-Forelle-Dill-Aufstrich 29
Schoko-Banane-Cashew-Aufstrich 29
Avocado 14
Avocado-Banane-Minze-Smoothie 18
Avocado-Lachs-Caprese 24
Avocado-Meerrettich 112
Avocadosalat mit Sesamhuhn 78
Gefüllte Tomaten mit Thunfisch 56
Mango-Avocado-Eis 124
Süßkartoffel-Paprika-Pfanne 40

B
Balsamico bianco 77
Balsamico-Kakao-Dressing 105
Bananen 119
Avocado-Banane-Minze-Smoothie 18
Banane-Cashew-Eis 124
Schoko-Banane-Cashew-Aufstrich 29
Schokoküchlein mit Himbeeren 128
Bananenchips 119
Frühstücksriegel 16
Geröstetes Früchtemüsli 20
Bärlauch: Rindersteak mit Bärlauchöl 44
Basilikum: Feldsalat-Ananas-Basilikum-Smoothie 19
Beeren 118
Chia-Berry-Fool 120
Erdbeer-Kokos-Eis 125

Gebratene Apfelringe 126
Himbeer-Dattel-Nuss-Drink 18
Schokoküchlein mit Himbeeren 128
Blattsalat mit Steakstreifen 36
Blumenkohl 96
Blumenkohl-Falafel 106
Grünes Taboulé 100
Bohnen (TK)
Frittata mit grünen Bohnen 86
Grüne Bohnen mit Pilzen 46
Grüner Bohnensalat mit Räucherforelle 60
Bourbon-Vanille (gemahlen) 118
Banane-Cashew-Eis 124
Dattel-Walnuss-Pralinen 130
Erdbeer-Kokos-Eis 125
Frühstücksriegel 16
Himbeer-Dattel-Nuss-Drink 18
Ingwer-Ananas-Dressing 104
Kokoscreme mit Maracuja 122
Paleo-Porridge mit Mango 22
Schoko-Banane-Cashew-Aufstrich 29
Schokoküchlein mit Himbeeren 128
Brokkoli 96
Brokkolisuppe mit hart gekochtem Ei 84
Gedämpfter Fisch mit Safran 68
Grünes Taboulé 100

C
Cashewmus 34
Aubergine-Möhre-Curry-Aufstrich 28
Banane-Cashew-Eis 124
Eier in Senfsauce 85
Erdbeer-Kokos-Eis 125
Himbeer-Dattel-Nuss-Drink 18
Kabeljau auf buntem Gemüse 66
Pak Choi mit Cashewrahm 47
Schoko-Banane-Cashew-Aufstrich 29
Cashewnüsse 34
Pak Choi mit Cashewrahm 47
Schoko-Banane-Cashew-Aufstrich 29
Schweinefleisch-Curry 50
Chai: Schoko-Chai-Mandel-Eis 125
Chia-Samen 14
Chia-Berry-Fool 120
Geröstetes Früchtemüsli 20
Herzhafter Frühstückskuchen 26
Paleo-Porridge mit Mango 22
Coco-Drink 15
Erdbeer-Kokos-Eis 125

Currypaste 54
Gedämpfter Fisch mit Safran 68
Rotes Gemüsecurry 108
Currypulver 54
Apfel-Sellerie-Salat mit Huhn 80
Ingwer-Spinat-Suppe mit Pute 82
Rote-Bete-Mango-Suppe 64
Schweinefleisch-Curry 50

D
Datteln
Dattel-Sesam-Dressing 105
Dattel-Walnuss-Pralinen 130
Himbeer-Dattel-Nuss-Drink 18
Dill: Kürbis-Forelle-Dill-Aufstrich 29
Dips
Avocado-Meerrettich 112
Koriander-Mayo 113
Rote-Bete-Sesam 112
Tomaten-Feigen-Pesto 113
Dressing
Balsamico-Kakao-Dressing 105
Dattel-Sesam-Dressing 105
Ingwer-Ananas-Dressing 104
Paleo-Caesar's-Dressing 104

E
Eier 76
Avocadosalat mit Sesamhuhn 78
Blumenkohl-Falafel 106
Brokkolisuppe mit hart gekochtem Ei 84
Ei-Ananas-Senf-Aufstrich 28
Eier in Senfsauce 85
Frittata mit grünen Bohnen 86
Garnelenrührei mit Zucchini 30
Gemüserösti mit Spiegelei 85
Herzhafter Frühstückskuchen 26
Pfannkuchen mit Räucherfisch 72
Pochiertes Ei auf Ofenspargel 84
Schokoküchlein mit Himbeeren 128
Spargelsalat mit Räucherlachs 58
Eiscreme
Banane-Cashew-Eis 124
Erdbeer-Kokos-Eis 125
Mango-Avocado-Eis 124
Schoko-Chai-Mandel-Eis 125
Erdbeer-Kokos-Eis 125

F
Falafel: Blumenkohl-Falafel 106
Feigen: Tomaten-Feigen-Pesto 113
Feldsalat-Ananas-Basilikum-Smoothie 19

138 / REGISTER

Fisch (TK) 55
Fischfilet »paleolaise« 70
Gedämpfter Fisch mit Safran 68
Gegrilltes Lachscarpaccio 70
Kabeljau auf buntem Gemüse 66
Kräutersalat mit Zander 60
Lauwarmer Kartoffelsalat mit Lachs 61
Ofenforelle 71
Zanderröllchen 71

Flusskrebse 55
Gedämpfter Fisch mit Safran 68

Forelle
Grüner Bohnensalat mit Räucherforelle 60
Kürbis-Forelle-Dill-Aufstrich 29
Ofenforelle 71

Frittata mit grünen Bohnen 86

Frühstücksdrinks
Avocado-Banane-Minze-Smoothie 18
Feldsalat-Ananas-Basilikum-Smoothie 19
Himbeer-Dattel-Nuss-Drink 18
Mango-Kokos-Ingwer-Smoothie 19

Frühstücksriegel 16

G

Garnelen 55
Ananas-Tomaten-Salat mit Garnelen 61
Rote-Bete-Mango-Suppe 64
Garnelenrührei mit Zucchini 30

Gebratene Apfelringe 126
Gedämpfter Fisch mit Safran 68
Gefüllte Aubergine mit Möhren 114
Gefüllte Hähnchenbrust 88
Gefüllte Tomaten mit Thunfisch 56
Gegrilltes Lachscarpaccio 70

Gemüse
Gemüserösti mit Spiegelei 85
Kabeljau auf buntem Gemüse 66
Rotes Gemüsecurry 108

Geröstetes Früchtemüsli 20

Ghee 54
Fischfilet »paleolaise« 70
Gegrilltes Lachscarpaccio 70
Ofenforelle 71
Zanderröllchen 71

Grüne Bohnen mit Pilzen 46
Grüner Bohnensalat mit Räucherforelle 60
Grünes Tabou012 100
Gurken-Zwiebel-Salsa 46

H/I

Hackfleisch 35
Hackfleisch-Pizza 42
Kokos-Lauch-Suppe 41
Paleo-Burger 40

Süßkartoffel-Paprika-Pfanne 40
Tomaten-Salbei-Bällchen 41

Hähnchen (Filet, Medaillon) 76
Apfel-Sellerie-Salat mit Huhn 80
Avocadosalat mit Sesamhuhn 78
Gefüllte Hähnchenbrust 88
Hähnchenkeulen mit Würzkraut 90
Medaillons auf Tomatengemüse 92

Herzhafter Frühstückskuchen 26

Himbeeren
Himbeer-Dattel-Nuss-Drink 18
Schokoküchlein mit Himbeeren 128

Ingwer
Ingwer-Ananas-Dressing 104
Ingwer-Spinat-Suppe mit Pute 82
Mango-Kokos-Ingwer-Smoothie 19

K

Kabeljau auf buntem Gemüse 66

Kakaopulver 119
Balsamico-Kakao-Dressing 105
Dattel-Walnuss-Pralinen 130
Schoko-Banane-Cashew-Aufstrich 29
Schoko-Chai-Mandel-Eis 125
Schokoküchlein mit Himbeeren 128

Kartoffeln
Lauwarmer Kartoffelsalat mit Lachs 61
Paprika-Kartoffel-Gulasch 48

Kokoschips 15
Frühstücksriegel 16
Geröstetes Früchtemüsli 20
Paleo-Porridge mit Mango 22

Kokosmilch 15
Brokkolisuppe mit hart gekochtem Ei 84
Gedämpfter Fisch mit Safran 68
Ingwer-Spinat-Suppe mit Pute 82
Kokos-Lauch-Suppe 41
Kokoscreme mit Maracuja 122
Mango-Kokos-Ingwer-Smoothie 19
Paleo-Porridge mit Mango 22
Rote-Bete-Mango-Suppe 64
Rotes Gemüsecurry 108

Kokosöl (siehe Ghee) 15, 54
Koriander-Mayo 113

Koteletts 35
Lammkoteletts 47

Kraut
Hähnchenkeulen mit Würzkraut 90
Minuten-Gyros mit Krautsalat 38

Kräuter (TK) 34
Blumenkohl-Falafel 106
Brokkolisuppe mit hart gekochtem Ei 84

Frittata mit grünen Bohnen 86
Gemüserösti mit Spiegelei 85
Grüne Bohnen mit Pilzen 46
Hackfleisch-Pizza 42
Kabeljau auf buntem Gemüse 66
Medaillons auf Tomatengemüse 92
Paleo-Burger 40
Spargelsalat mit Räucherlachs 58
Tomatensuppe mit Thunfisch 62
Warmer Ratatouille-Salat 47

Kräutersalat mit Zander 60
Kürbis-Forelle-Dill-Aufstrich 29

L

Lachs
Avocado-Lachs-Caprese 24
Gegrilltes Lachscarpaccio 70
Lauwarmer Kartoffelsalat mit Lachs 61
Spargelsalat mit Räucherlachs 58

Lauch: Kokos-Lauch-Suppe 41
Lauwarmer Kartoffelsalat mit Lachs 61

M

Mandeldrink 15
Apfel-Sellerie-Salat mit Huhn 80
Chia-Berry-Fool 120
Ei-Ananas-Senf-Aufstrich 28
Garnelenrührei mit Zucchini 30
Koriander-Mayo 113
Schoko-Chai-Mandel-Eis 125

Mandelmus 15
Aubergine-Möhre-Curry-Aufstrich 28
Erdbeer-Kokos-Eis 125
Himbeer-Dattel-Nuss-Drink 18
Schoko-Chai-Mandel-Eis 125
Schokoküchlein mit Himbeeren 128

Mandeln 15
Avocado-Banane-Minze-Smoothie 18
Dattel-Walnuss-Pralinen 130
Frühstücksriegel 16
Geröstetes Früchtemüsli 20
Grüne Bohnen mit Pilzen 46
Paleo-Porridge mit Mango 22

Mango
Mango-Avocado-Eis 124
Mango-Kokos-Ingwer-Smoothie 19
Paleo-Porridge mit Mango 22
Rote-Bete-Mango-Suppe 64

Maracuja: Kokoscreme mit Maracuja 122
Mayonnaise: Koriander-Mayo 113
Medaillons auf Tomatengemüse 92
Meerrettich: Avocado-Meerrettich 112
Melonencarpaccio 98

Minuten-Gyros mit Krautsalat 38
Minze: Avocado-Banane-Minze-Smoothie 18
Möhren
Aubergine-Möhre-Curry-Aufstrich 28
Gefüllte Aubergine mit Möhren 114
Müsli: Geröstetes Früchtemüsli 20

O/P

Ofenforelle 71
Pak Choi mit Cashewrahm 47
Paleo-Burger 40
Paleo-Caesar's-Dressing 104
Paleo-Porridge mit Mango 22
Paprikaschoten
Paprika-Kartoffel-Gulasch 48
Süßkartoffel-Paprika-Pfanne 40
Pesto: Tomaten-Feigen-Pesto 113
Pfannkuchen mit Räucherfisch 72
Pilze 97
Blattsalat mit Steakstreifen 36
Grüne Bohnen mit Pilzen 46
Hackfleisch-Pizza 42
Ingwer-Spinat-Suppe mit Pute 82
Medaillons auf Tomaten-gemüse 92
Rotes Gemüsecurry 108
Süßkartoffelpüree mit Pilzen 110
Pizza: Hackfleisch-Pizza 42
Pochiertes Ei auf Ofenspargel 84
Porridge: Paleo-Porridge mit Mango 22
Pralinen: Dattel-Walnuss-Pralinen 130
Pute (Filet, Medaillon) 76
Ingwer-Spinat-Suppe mit Pute 82
Medaillons auf Tomaten-gemüse 92

R

Ratatouille: Warmer Ratatouille-Salat 47
Räucherfisch
Grüner Bohnensalat mit Räucher-forelle 60
Pfannkuchen mit Räucher-fisch 72
Spargelsalat mit Räucherlachs 58
Rind
Paprika-Kartoffel-Gulasch 48
Rindersteak mit Bärlauchöl 44
Rösti: Gemüserösti mit Spiegelei 85
Rote-Bete-Mango-Suppe 64
Rote-Bete-Sesam 112
Rotes Gemüsecurry 108

S

Safran: Gedämpfter Fisch mit Safran 68

Salat
Ananas-Tomaten-Salat mit Garnelen 61
Apfel-Sellerie-Salat mit Huhn 80
Avocadosalat mit Sesamhuhn 78
Blattsalat mit Steakstreifen 36
Grüner Bohnensalat mit Räucherforelle 60
Kräutersalat mit Zander 60
Lauwarmer Kartoffelsalat mit Lachs 61
Spargelsalat mit Räucherlachs 58
Warmer Ratatouille-Salat 47
Zucchininudel-Salat 102
Salatdressing (siehe Dressing)
Salatgurke: Gurken-Zwiebel-Salsa 46
Salbei: Tomaten-Salbei-Bällchen 41
Sauerkraut: Hähnchenkeulen mit Würzkraut 90
Schoko-Banane-Cashew-Aufstrich 29
Schoko-Chai-Mandel-Eis 125
Schokoküchlein mit Himbeeren 128
Schweinefleisch-Curry 50
Sellerie: Apfel-Sellerie-Salat mit Huhn 80
Senf
Ei-Ananas-Senf-Aufstrich 28
Eier in Senfsauce 85
Sesammus (Tahin) 97
Dattel-Sesam-Dressing 105
Rote-Bete-Sesam 112
Sesamsamen 97
Avocadosalat mit Sesamhuhn 78
Fischfilet »paleolaise« 70
Pfannkuchen mit Räucher-fisch 72
Rote-Bete-Sesam 112
Smoothie
Avocado-Banane-Minze-Smoothie 18
Feldsalat-Ananas-Basilikum-Smoothie 19
Himbeer-Dattel-Nuss-Drink 18
Mango-Kokos-Ingwer-Smoothie 19
Spargel
Pochiertes Ei auf Ofenspargel 84
Spargelsalat mit Räucherlachs 58
Spinat (frisch & TK) 77
Avocadosalat mit Sesamhuhn 78
Eier in Senfsauce 85
Frittata mit grünen Bohnen 86
Ingwer-Spinat-Suppe mit Pute 82
Zanderröllchen 71
Spitzkohl
Minuten-Gyros mit Krautsalat 38
Süßkartoffelpüree mit Pilzen 110
Steaks 35
Blattsalat mit Steakstreifen 36
Minuten-Gyros mit Krautsalat 38

Rindersteak mit Bärlauchöl 44
Schweinefleisch-Curry 50
Suppen
Brokkolisuppe mit hart gekochtem Ei 84
Ingwer-Spinat-Suppe mit Pute 82
Kokos-Lauch-Suppe 41
Rote-Bete-Mango-Suppe 64
Tomatensuppe mit Thunfisch 62
Suppengrün (TK) 34
Kokos-Lauch-Suppe 41
Paprika-Kartoffel-Gulasch 48
Tomatensuppe mit Thunfisch 62
Süßkartoffeln 96
Rotes Gemüsecurry 108
Süßkartoffel-Paprika-Pfanne 40
Süßkartoffelpüree mit Pilzen 110

T

Taboulé: Grünes Taboulé 100
Tahin (siehe Sesammus)
Thunfisch (Dose)
Gefüllte Tomaten mit Thunfisch 56
Tomatensuppe mit Thunfisch 62
Tomaten
Ananas-Tomaten-Salat mit Garnelen 61
Gefüllte Tomaten mit Thunfisch 56
Medaillons auf Tomaten-gemüse 92
Tomaten-Feigen-Pesto 113
Tomaten-Salbei-Bällchen 41
Tomatensuppe mit Thunfisch 62

W/Z

Walnüsse
Dattel-Walnuss-Pralinen 130
Himbeer-Dattel-Nuss-Drink 18
Warmer Ratatouille-Salat 47
Zander
Kräutersalat mit Zander 60
Zanderröllchen 71
Zucchini
Garnelenrührei mit Zucchini 30
Zucchininudel-Salat 102
Zwiebel-Duo (TK) 34
Brokkolisuppe mit hart gekochtem Ei 84
Garnelenrührei mit Zucchini 30
Gedämpfter Fisch mit Safran 68
Grüne Bohnen mit Pilzen 46
Kokos-Lauch-Suppe 41
Pak Choi mit Cashewrahm 47
Rote-Bete-Mango-Suppe 64
Süßkartoffelpüree mit Pilzen 110
Warmer Ratatouille-Salat 47
Zwiebeln: Gurken-Zwiebel-Salsa 46

Ein natürliches Lebensmittel,
das in keiner Paleo-Küche fehlen sollte.

Einzigartigkeit die überzeugt:

- Ghee Pionier in Europa seit 1992
- Unser alleiniger Fokus ist Ghee
- Uraltes Slow Food Verfahren
- Hergestellt von Menschen mit Ayurvedischer Lebensweise
- Mit höchster Reinheit 99,90 %
- Unser Leitsatz Nahrung ist Bewußtsein

FINCK AYURVEDA GMBH
Original Bio Ghee Manufaktur
www.finck-ayurveda.de

Das hat unseren Vorfahren schon geschmeckt.

IMPRESSUM

© Food & Nude Photography

Der Autor
Martin Kintrup hat seine Lust am Kochen, Essen und Genießen zum Beruf gemacht. Als Autor und Redakteur arbeitet er für mehrere Verlage und hat schon zahlreiche Kochbücher geschrieben. Bei GU besonders erfolgreich sind seine Titel »»Low carb für Faule« und »Vegan für Faule«.

Die Fotografin
Coco Lang fotografiert Food und Stills in ihrem Werkstattstudio direkt am Münchner Viktualienmarkt. Mit kreativem Elan geht sie ans Werk und beeindruckt immer wieder mit überraschenden Ideen und feinem Gespür fürs Detail. Für dieses Buch hat sie gemeinsam mit Foodstylist **Sven Dittmann** die Paleo-Küche ins rechte Licht gerückt.

Bildnachweis
Alle Fotos: **Coco Lang**, außer Autorenfoto: **Food & Nude Photography**

Syndication:
www.seasons.agency

Projektleitung:
Sabine Sälzer

Lektorat, Satz/DTP, Gestaltung:
Redaktionsbüro Christina Kempe, München

Umschlag und Gestaltung:
independent Medien-Design, Horst Moser, München

Fotografie: **Coco Lang**
Foodstyling: **Sven Dittmann**
Requisite: **Ina Erdmann**
Bildbearbeitung: **SONGVAN**

Korrektorat:
Petra Bachmann

Herstellung:
Renate Hutt

Repro:
Longo AG, Bozen

Druck und Bindung:
Printer Trento S.r.l., Trento

© 2016 GRÄFE UND UNZER VERLAG GmbH, München

Alle Rechte vorbehalten. Nachdruck, auch auszugsweise, sowie Verbreitung durch Film, Funk, Fernsehen und Internet, durch fotomechanische Wiedergabe, Tonträger und Datenverarbeitungssysteme jeglicher Art nur mit schriftlicher Genehmigung des Verlages.

ISBN 978-3-8338-5170-4

4. Auflage 2017

Backofenhinweis
Die Backzeiten können je nach Herd variieren. Die Temperaturangaben beziehen sich auf das Backen im Elektroherd mit Ober- und Unterhitze und können bei Gasherden oder Backen mit Umluft abweichen. Details entnehmen Sie bitte Ihrer Gebrauchsanweisung.

Liebe Leserin, lieber Leser,
haben wir Ihre Erwartungen erfüllt? Sind Sie mit diesem Buch zufrieden? Haben Sie weitere Fragen zu diesem Thema? Wir freuen uns auf Ihre Rückmeldung, auf Lob, Kritik und Anregungen, damit wir für Sie immer besser werden können.

GRÄFE UND UNZER Verlag
Leserservice
Postfach 86 03 13
81630 München
E-Mail:
leserservice@graefe-und-unzer.de

Telefon: 00800 / 72 37 33 33*
Telefax: 00800 / 50 12 05 44*
Mo–Do: 9.00 – 17.00 Uhr
Fr: 9.00 – 16.00 Uhr
(* gebührenfrei in D, A, CH)

Ihr GRÄFE UND UNZER Verlag
Der erste Ratgeberverlag – seit 1722.

www.facebook.com/gu.verlag

Ein Unternehmen der
GANSKE VERLAGSGRUPPE

FRISCHE KRÄUTER & AROMASPENDER

- BÄRLAUCH
- BASILIKUM
- CHILISCHOTEN (ROT)
- DILL
- ESTRAGON
- GARTENKRESSE
- INGWER
- KNOBLAUCHZEHEN
- KORIANDERGRÜN
- MEERRETTICH
- MINZE
- PEPERONI (ROT)
- PETERSILIE
- SALBEI
- ZITRONENMELISSE

GEWÜRZE, WÜRZPASTEN & CO.

- BOURBON-VANILLE (GEMAHLEN)
- CAYENNEPFEFFER
- CURRYPASTE (ROT)
- CURRYPULVER
- HARISSA
- INGWERPULVER
- KREUZKÜMMEL (GEMAHLEN)
- KURKUMA (GEMAHLEN)
- MUSKATNUSS
- OREGANO (GETROCKNET)
- PAPRIKAPULVER (EDELSÜSS)
- PFEFFER (GEMAHLEN, BUNTE KÖRNER)
- RAS-EL-HANOUT
- SAFRANFÄDEN
- SALZ (KRÄUTERSALZ)
- SAUERBRATENGEWÜRZ
- ZIMTPULVER

OBST, GEMÜSE & CO.

- ANANAS
- ÄPFEL
- APRIKOSEN
- AUBERGINEN
- AVOCADOS (HASS)
- BANANEN
- BEEREN (BROMBEEREN, ERDBEEREN, HEIDELBEEREN, HIMBEEREN)
- BLUMENKOHL
- BROKKOLI
- FENCHEL
- FRÜHLINGSZWIEBELN
- GRAPEFRUIT (ROSA)
- KARTOFFELN (KLEIN, FESTKOCHEND, VORWIEGEND FESTKOCHEND, MEHLIGKOCHEND)
- KOHL (JAROMAKOHL, SPITZKOHL)
- KÜRBIS (HOKKAIDO)
- MANGOS
- MARACUJAS
- MÖHREN
- PAK CHOI
- PAPRIKASCHOTEN (GELB, ROT)
- PASSIONSFRÜCHTE
- PILZE (AUSTERNPILZE, PFIFFERLINGE, CHAMPIGNONS, EGERLINGE, MISCHPILZE, SHIITAKE)
- RADIESCHEN
- ROMANESCO
- ROTE BETEN (GEGART, VAKUUMVERPACKT)
- SALAT (BLATTSALAT-MIX MIT SPINAT/RUCOLA, FELDSALAT, RADICCHIO)
- SALATGURKEN
- SPARGEL (WEISS, GRÜN)
- SPINAT (BLATTSPINAT, JUNG)
- STAUDENSELLERIE
- SÜSSKARTOFFELN
- TOMATEN (GETROCKNET, KIRSCHTOMATEN, SNACKTOMATEN)
- WASSERMELONE
- ZUCCHINI
- ZWIEBELN (ROT)

KÜHLREGAL

- BUTTERSCHMALZ

FISCHTHEKE

- BIO-FLUSSKREBSSCHWÄNZE (VORGEGART)
- BIO-GARNELEN (VORGEGART)
- BIO-RÄUCHERFISCH (FORELLE, HEILBUTT, LACHS, MAKRELE; OHNE GRÄTEN, FILETS, IN SCHEIBEN)
- SARDELLENFILETS (IN ÖL)

WURST- & FLEISCHTHEKE

- BIO-HACKFLEISCH (GEMISCHT, VOM RIND)
- BIO-HÄHNCHEN (BRUSTFILET, KEULEN, MEDAILLONS)
- BIO-KALB (MEDAILLONS, MINUTENSTEAKS)
- BIO-PUTE (BRUSTFILET, MEDAILLONS, SCHNITZEL)
- BIO-RIND (GULASCH, ENTRECÔTE-/STEAKS)
- BIO-WILD-/SCHWEIN (MEDAILLONS, MINUTENSTEAKS)
- LAMM (KOTELETTS)

AUS DEM BACKREGAL

- KAKAOPULVER
- MOHN (GEMAHLEN)
- WEINSTEIN-BACKPULVER

AUS DOSE & GLAS

- ANANASSTÜCKE
- KAPERN
- SAUERKRAUT
- THUNFISCH (IM EIGENEN SAFT)
- TOMATEN (PASSIERT)
- TOMATENSAUCE

TIEFKÜHLTRUHE (TK)

- AUSTERNPILZE
- BEEREN (HIMBEEREN)
- BIO-FISCH (REGENBOGEN-FORELLEN)
- BIO-FISCHFILET (KABELJAU, LACHS, SEELACHS, ZANDER)
- BIO-GARNELEN (GESCHÄLT; RIESENGARNELEN, OHNE KOPF, MIT AUFGESCHNITTENER SCHALE)
- BOHNEN (BRECHBOHNEN, GRÜN)
- KRÄUTER (DILL, GARTENKRÄUTER, ITALIENISCHE MISCHUNG)
- LAUCH
- SPINAT (BLATTSPINAT)
- SUPPENGRÜN
- ZWIEBEL-DUO

NÜSSE, TROCKEN-FRÜCHTE & CO.

- APFELCHIPS
- APRIKOSEN
- BANANENCHIPS
- CASHEWNÜSSE
- CHIA-SAMEN
- DATTELN (OHNE STEIN)
- FEIGEN
- HASELNÜSSE (BLÄTTCHEN, GEMAHLEN)
- KOKOSCHIPS
- LEINSAMEN (GESCHROTET)
- MANDELN (BLÄTTCHEN, GANZ, GEMAHLEN)
- PINIENKERNE
- SALATKERN-MIX
- SESAMSAMEN (GERÖSTET)
- SULTANINEN
- WALNUSSKERNE

DIVERSES

- BIO-ESSIG (APFELESSIG, ACETO BALSAMICO, BALSAMICO BIANCO)
- BIO-GHEE
- BIO-ÖL (KOKOSÖL, OLIVENÖL, SESAMÖL, WALNUSSÖL)
- BIO-SENF (DIJON-SENF, KÖRNIG)
- CASHEWMUS
- EIER (M)
- HEFEFLOCKEN
- KOKOSMILCH
- MANDELMUS
- OLIVEN (GRÜN, OHNE STEIN)
- SESAMMUS (TAHIN)
- TEEBEUTEL (SCHOKO-CHAI-TEE)
- TOMATENMARK

GETRÄNKE, SÄFTE & CO.

- APFELSAFT (NATURTRÜB)
- COCO-DRINK (NATUR)
- LIMETTENSAFT
- MANDELDRINK (UNGESÜSST)
- MANDELMILCH
- ORANGENSAFT
- TRAUBENSAFT
- ZITRONENSAFT

SÜSSES

- AGAVENDICKSAFT
- AHORNSIRUP
- APFELMARK (MIT APRIKOSE/ JOHANNISBEERE/MANGO/ SANDDORN)
- HONIG

Auch zum Download auf
www.gu.de/kochenfuerfaule